W0177034

Heike Wendler
SeelenPflaster

Heike Wendler

SEELENPFLASTER

Geschichten, die gut tun

benno

Illustrationen: S.22, 119: © Forewer / Fotolia; S.27, 78, 98: © ankdesign / Fotolia;
S.40, 126: © christine krahl / Fotolia; S.45, 153: © vmaster2011 / Fotolia;
S.64, 105: © Rokfeler / Fotolia; S.73: © Kotkoa / Fotolia

Bibliografische Information der Deutschen Nationalbibliothek
Die Deutsche Nationalbibliothek verzeichnet diese
Publikation in der Deutschen Nationalbibliografie;
detaillierte bibliografische Daten sind im Internet unter
http://dnb.d-nb.de abrufbar.

Besuchen Sie uns im Internet:
www.st-benno.de

Gern informieren wir Sie unverbindlich und aktuell
auch in unserem Newsletter zum Verlagsprogramm,
zu Neuerscheinungen und Aktionen.
Einfach anmelden unter www.st-benno.de.

ISBN 978-3-7462-4604-8
© St. Benno Verlag GmbH, Leipzig
Umschlaggestaltung: Ulrike Vetter, Leipzig
Umschlagabbildung: © Francesco R Iacomino/Fotolia
Gesamtherstellung: Kontext, Lemsel (B)

Inhalt

Aus dem Leben gegriffen

Das Leben geht manchmal ungewöhnliche Wege. Und nicht immer verstehen wir, warum uns etwas zustößt, gerade uns, wo wir doch keiner Menschenseele etwas zuleide getan haben. Wir finden es ungerecht, hadern mit unserem Schicksal, auch wenn ein Teil unseres Verstandes uns sagt, dass es Tausende von Menschen gibt, denen es ungleich schlechter geht. Doch das, was uns gerade passiert, ist vielleicht ganz schlimm. Oder völlig absurd, geradezu lächerlich, dass wir uns in einer derart vertrackten Situation wiederfinden! Und ganz oft drängt sich dann die Frage nach dem Warum auf. Das, liebe Leserinnen und Leser, geht vielen so. Oder zumindest weitaus mehr Menschen, als Sie denken.

Ich habe deshalb in diesem Buch eine Auswahl an Geschichten für Sie zusammengetragen, die von ganz unterschiedlichen Schicksalen berichten. Die von Menschen erzählen, denen etwas passiert ist, die ein besonderes Erlebnis hatten, denen das Schicksal übel mitgespielt hat. Geschichten, die aus dem Leben gegriffen sind und jedem passieren können. Manche sind heiter und witzig, ja, bei einigen werden Sie vielleicht schmunzeln und sagen: Das könnte ich sein, da erkenne ich mich wieder. Andere sind auf den ersten Blick bitter, auf den zweiten noch viel mehr – da möchte man wirklich nicht tauschen!

Aber auch diese traurigen Erlebnisse kommen vor, beängstigende Tragödien passieren, zum Glück nicht jedem von uns, schon gar nicht jeden Tag. Aber vielleicht ausgerechnet Ihnen? Oder Ihrem Nachbarn? Dann mögen diese Geschichten Sie trösten, Ihnen zeigen, dass das Leben immer einen Weg findet und dass selbst das schwerste Schicksal mit Mut und Entschlossenheit gemeistert werden kann. Das Leben selbst ist ein Geschenk – nehmen wir es an! Leben wir es, am besten gemeinsam!

Heike Wendler

Der Poltergeist im Dachgeschoss

Manche Menschen haben einen so tiefen Schlaf, dass neben ihnen der Blitz einschlagen könnte und sie nichts davon mitbekommen würden. Einen ebensolchen hatte auch unser Nachbar im Dachgeschoss, jedenfalls behauptete das seine Frau regelmäßig, die als Krankenschwester im katholischen Hospiz unserer Stadt arbeitete. Fast ausschließlich im Nachtdienst, weil das ihrem Biorhythmus am ehesten entsprach, wie sie mir einmal lachend berichtet hatte. Vielleicht war ich deshalb so alarmiert, als ich eines Nachts ein lautes Poltern hörte. Ich hatte noch ein paar Seiten gelesen, es war längst nach elf Uhr und mein Mann Herbert schlief bereits. Auf das eine Poltern folgte ein zweites, es hörte sich wirklich bedrohlich an.

„Hör doch mal!", weckte ich ihn. Grummelnd öffnete Herbert die Augen. „Was ist denn?"

Über uns scheppterte es nun gewaltig.

„Was machen die denn da oben?", entfuhr es Herbert. „Wissen die denn nicht, wie spät es ist?"

„Aber Conny ist doch gar nicht da, die ist doch zum Nachtdienst!", erinnerte ich Herbert. „Und weißt du nicht, was sie über Torstens tiefen Schlaf erzählt hat? Da oben ist ein Einbrecher am Werk und der arme Torsten bekommt es gar nicht mit!"

Herbert knipste seine Nachtischlampe an und horchte angestrengt in die Nacht. Kurz darauf polterte es wieder.

„Das klingt doch, als ob jemand die Tür eintreten will, oder?", unkte ich.

Auf einmal hörten wir einen erstickten Schrei.

„Das war Torsten!", rief ich entsetzt. „Mein Gott, Herbert, nun tue doch was! Was, wenn ihn jemand niedergeschlagen hat?"

Nun war auch mein Mann alarmiert. Umständlich erhob er sich, dann sah er mich ratlos an. „Was soll ich denn jetzt machen? Die Polizei anrufen?"

Ich nickte. Ebenso ratlos wie er.

„Also, allein dort hoch lasse ich dich nicht gehen!", erklärte ich ihm. „Du begibst dich nicht auch noch in Gefahr!"

Herbert nickte und marschierte zum Telefon. Kam jedoch kurz darauf wieder.

„Wenn es keine nächtliche Ruhestörung ist, kommen die nicht!", berichtete er. Oh, mein Göttergatte! „Warum hast du denn nicht gesagt, dass dort ein Einbrecher ist? Oder wenigstens behauptet, es wäre unerträglicher Lärm? Was machen wir denn nun?"

Wie zur Bestätigungen polterte es schon wieder.

„Das klingt, als ob jemand die ganze Einrichtung auseinandernimmt!", brummte Herbert. „Da müssen wir wohl selber nachsehen!"

Er warf sich seinen Jogginganzug drüber und schaute sich suchend um. „Einen Baseballschläger müsste man zu Hause haben! Oder wenigstens etwas, das sich als Verteidigungsmittel eignet!"

Entschlossen holte ich aus der Küche meine massive Kupferpfanne.

„Hier, die ist richtig schwer!", sagte ich und schob ihn aus der Korridortür. „Los, geh hoch, ich bleibe dicht hinter dir und halte das Telefon in der Hand. Wenn es gefährlich wird, hast du die Pfanne und ich drücke sofort den Notruf!"

Herbert und ich schlichen also nacheinander die Treppe nach

oben. Aus der Wohnung über uns drangen wieder Poltergeräusche. Auf einmal drückte Herbert doch tatsächlich den Klingelknopf.

„Was?", fragte er. „Wir wollen doch wissen, was los ist?"

„Und du glaubst, der Einbrecher macht uns die Tür auf?", erwiderte ich ärgerlich. Oh, dieser Mann! Angestrengt lauschte ich in die nächtliche Stille hinein, auf alles gefasst. Nach dem zweiten Klingeln hörten wir wirklich Schritte, die zur Tür eilten und ich brachte mich in Stellung. Doch es war Torsten, der uns öffnete.

„Ach, habe ich euch geweckt?", fragte er sichtlich verdattert. Um seinen rechten Daumen hatte er ein Tuch gewickelt. „Das tut mir wirklich leid. Was wollen Sie denn mit der Bratpfanne da?"

Herbert senkte seine Waffe und sah Torsten prüfend an. „Ist alles in Ordnung?", fragte er dann und deutete auf den provisorischen Verband.

Torsten schüttelte den Kopf. „Na ja, eigentlich nicht. Ich versuche seit gut zwei Stunden für Conny dieses blöde Schuhregal aufzubauen! Sie hat es gekauft und will doch tatsächlich ihren Arbeitskollegen fragen, ob er das zusammenkriegt! Weil ihr Ehemann eben eine handwerkliche Niete ist! Um ihr das Gegenteil zu beweisen, habe ich mich daran versucht. Und mich auch prompt verletzt." Er wies auf seinen demolierten Daumen. „Eingequetscht, zwischen zwei Brettern. Mann, aus wie vielen Einzelteilen die das Ding gefertigt haben, ist unvorstellbar! Wie kann man so was nur freiwillig aufbauen? Völlig unklar, dass jemand Spaß daran hat!"

Herbert schob ihn kopfschüttelnd bei Seite. „Na, jetzt, wo ich wach bin, kann ich mir das ja mal anschauen, nicht wahr? Aber wieso musst du das denn unbedingt mitten in der Nacht ausprobieren? Du weckst das ganze Haus!"

Torsten sah einigermaßen zerknirscht aus. „Entschuldigt bitte. Aber ich wollte Conny eben überraschen, wenn sie morgen früh aus der Nachtschicht kommt. Bis dahin wollte ich fertig sein. Aber dieses blöde Ding ist total unkooperativ! Es fällt ständig in sich zusammen!"

Was den Lärm erklärte, den wir gehört haben, kein Wunder, Holzbretter auf Parkettboden. Nun konnte ich auch nur noch den Kopf schütteln. Diese jungen Leute heutzutage! Noch nicht lange verheiratet und noch keine Kinder, aber dafür nichts als Unfug im Kopf. Ich beschloss, den beiden wenigstens einen Kaffee und ein paar Schnittchen zur Stärkung zu machen, bevor ich mich wieder in mein Bett begab. Nach meinem allabendlichen Krimi war mir jedenfalls nicht mehr. Mit Herberts Hilfe war das Schuhregal in weniger als einer Stunde fix und fertig aufgebaut und eingerichtet.

„Ich habe ihm absolutes Stillschweigen gelobt!", erklärte mir Herbert amüsiert, als er ins Bett kam. „Dann kann Torsten morgen früh seiner Conny eine schöne Überraschung präsentieren. Hoffentlich wirft uns ihre Begeisterung nicht vor dem Morgengrauen aus dem Bett!"

Das hoffte ich auch inständig, als ich mich an Herbert kuschelte. Wie gut, dass mein Mann handwerklich so talentiert ist! Denn ich besitze mehr als nur ein Schuhregal!

Ehering gesucht

$\mathcal{E}$s war ein sonniger Dienstagmorgen, einen Tag vor unserer Silberhochzeit, als mir auffiel, dass etwas nicht stimmte: Mein Ehering saß weder auf meinem Finger noch lag er an seinem nächtlichen Ruheplatz. Seitdem ich es vor ein paar Jahren mit Rheuma zu tun bekommen hatte, nahm ich ihn nachts meist ab. Doch nun war er weg! Und bei mir setzte fast augenblicklich die Schnappatmung ein. Nach ein paar Schrecksekunden, in denen ich hektisch mein Umfeld absuchte, war klar, er lag auch weder auf dem Nachtschrank noch gut sichtbar anderswo. Ich versuchte mich zu erinnern: Wo hatte ich ihn das letzte Mal gesehen? Doch anstatt erhellender Gedanken herrschte in meinem Gehirn blanke Leere. Ich erinnerte mich einfach nicht! Schon von blanker Panik getrieben, begann ich nun mehr oder weniger unsystematisch das ganze Haus abzusuchen – ohne Erfolg. Das durfte doch nicht wahr sein! Und das einen Tag vor der Silberhochzeit!

„Nur noch zwei Mal schlafen", hatte meine Tochter gestern Abend gewitzelt, als sie mit uns die letzten Details der Feier durchgegangen war. Sie hatte die komplette Organisation übernommen, alle fürs Wochenende eingeladen, das Essen ausgesucht und sich sogar um einen Anzug für ihren Papa gekümmert, damit ich das nicht übernehmen musste! Sie gab sich so viel Mühe, für uns einen schönen Tag zu organisieren, und nun verbummelte ich meinen Ehering!

Doch das was ja nicht das Schlimmste! Mit Schrecken erinnerte ich mich daran, welches Theater ich veranstaltet hatte, als mein Göttergatte mir vor einigen Monaten reumütig gestanden hatte, seinen Ehering verloren zu haben. Mir wurde immer noch ganz schlecht, wenn ich daran dachte, welche Szene ich ihm gemacht hatte! Ihm jetzt eingestehen zu müssen, dass ich meinen eigenen Ring verloren hatte, war schlichtweg unmöglich. Was würde er von mir denken? Und dann war ja da auch noch der Segensgottesdienst, den unser Pfarrer am Sonntag extra für uns abhielt! Was, wenn der nicht nur uns, sondern auch unsere Eheringe sehen wollte? Sollte ich dann ernsthaft ohne Ring dastehen? Mir wurde ganz schwindelig bei der Vorstellung! Ich musste das Teil wiederfinden, und zwar sofort! Wie gut, dass ich an diesem Tag Spätschicht hatte! Ich versuchte mich zu konzentrieren und ganz ruhig zu überlegen. Im Bad, fiel mir ein. Gestern Abend beim Händewaschen – hatte ich ihn da nicht vom Finger gezogen? Wie von der Tarantel gestochen flitzte ich ins Badezimmer. Beim Waschbecken lag nichts, außer der Seife und dem Stöpsel für den Abfluss. Nachdenklich blickte ich in den Abfluss hinein und das Herz rutschte mir ein Stück tiefer. War er etwa …? Ich stellte das Badezimmer förmlich auf den Kopf, suchte sogar in allen Schubladen, nichts. Also doch im Waschbecken? Leider reichte meine Zeit nicht mehr, um mir zu überlegen, wie man im Abfluss suchen könnte! Ich musste zur Arbeit.

„Was haben Sie denn heute, Frau Schilling?", fragte mich gleich meine erste Patientin. Ich arbeitete seit zehn Jahren im ambulanten Pflegedienst und Käthe Richard war eine meiner liebsten Patientinnen. Zweiundneunzig Jahre und geistig voll auf der Höhe.

„Mein Ehering ist weg!", gab ich zu. Und ihre Reaktion bestätigte meine Befürchtungen.

„Das ist nicht gut! Und das kurz vor der Silberhochzeit!", bemerkte sie. „Da wird Ihr Mann sicher nicht begeistert sein, Kindchen!"

Als ob ich das nicht selber wüsste! Ratlos schüttelte ich den Kopf und kämpfte gegen die Tränen. So langsam war ich echt verzweifelt.

„Ach, nun lassen Sie mal den Kopf nicht hängen!", tröstete sie mich. „Mein Enkel ist Klempner!", bot sie mir an, als ich das Waschbecken erwähnte. „Ich rufe ihn an! Vielleicht kann er Ihnen das Abflussrohr ja abbauen?"

Ich bedankte mich, dann eilte ich weiter. Eine Stunde später erreichte mich tatsächlich der Anruf von Käthe Richards Enkel. „Ich kann jetzt vorbeikommen, wenn Sie Zeit haben!", erklärte er mir. „Oma sagt, es ist dringend, weil Ihr Ehering dort drin liegt und Sie morgen Silberhochzeit haben!"

Zeit hatte ich zwar eigentlich keine, aber mein Eheglück hatte oberste Priorität, also verschaffte ich mir Zeit.

„Ich habe ein Problem mit dem Abfluss, und der Handwerker kann nur jetzt kommen!", erklärte ich einer Kollegin, die eigentlich frei hatte, und bat sie, einzuspringen. Zum Glück fragte sie nicht lange. Ich sauste nach Hause, wo Markus Richard schon auf mich wartete. Er war wirklich ein Fachmann, der Siphon war in Windeseile abgebaut, allein mein Ehering fand sich dabei nicht wieder.

„Vielleicht ist er doch nicht in den Ausguss gerutscht?", fragte er und sah mich mitleidig an. „Soll ich auch den Abfluss in der Küche überprüfen?"

Ich erinnerte mich zwar nicht im Entferntesten daran, auch nur in der Nähe der Küche meinem Ring abgenommen zu haben, trotzdem griff ich nach diesem Strohhalm und nickte. „Ja, bitte!"

Gespannt und voller Hoffnung verfolgte ich jeden Handgriff – und erlebte eine Überraschung!

„Hey, hier, schauen Sie!", rief Markus Richard aufgeregt. „Da ist er!"

Mein Herz hüpfte vor Freude!

„Gott sei Dank!", flüsterte ich und schickte ein Stoßgebet zum Himmel.

„Na, da ist die Silberhochzeit ja gerettet!", strahlte mein Held. „Ich muss dann auch weiter! Schön, dass ich helfen konnte!"

Nachdem mein Retter sich verabschiedet hatte, putzte ich das gute Stück. Und erlebte die nächste Überraschung.

„Aber das ist doch – Antons Ring!", staunte ich. Auf den Schreck musste ich mich erst mal setzen. Er hatte ihn bei der Neuinstallation der Spüle verloren! Nach der ersten Enttäuschung packte mich dann der Ehrgeiz. Wenn ich sogar seinen Ring wiederfand, würde meiner sich ja wohl auch wiederfinden, hoffte ich. Ich entwickelte eine Putzwut, wie sie mein Haus noch nicht erlebt hatte! Und dabei fand ich Dinge, die ich schon ein paar Jahre nicht mehr gesehen hatte: die Bilder von meiner Kommunion zum Beispiel und eine seltsam anmutende Papierkonstruktion, deren Sinn sich mir immer noch nicht erschloss, die Sandra aber irgendwann einmal in der Grundschule voller Stolz gebastelt hatte. Nur mein Ehering, der blieb verschwunden.

Als Anton nach Hause kam, wunderte er sich einigermaßen über mich.

„Ich will doch für morgen alles schön machen!", versuchte ich zu erklären.

„Und dazu räumst du die Schränke auf?", fragte er kopfschüttelnd. „Meinst du wirklich, da guckt jemand nach?"

Vermutlich nicht, aber das konnte ich ja schlecht zugeben. Zum Glück hatte er für den Rest des Abends ausschließlich das Fußballspiel im Kopf, auf das er sich seit Tagen freute, sodass ich in Ruhe den Dachboden auf den Kopf stellen konnte. Denn inzwischen war ich fast schon bereit, unser Haus abzureißen, nur um meinen Ring wiederzufinden.

„Willst du nicht langsam mal Schluss machen?", unterbrach mich Anton, nachdem sein Spiel vorbei war. „Oder suchst du etwas Bestimmtes?"

Jetzt oder nie, dachte ich. Es war ohnehin unvermeidlich.

„Ich muss dir etwas beichten, Schatz!", sagte ich und kämpfte gegen die Tränen. „Ich habe meinen Ehering verbummelt!"

Mir stockte das Herz, doch nach einer Schrecksekunde nahm er mich in den Arm.

„Du hast es also gemerkt!", flüsterte er mir ins Ohr. „Mist! Dabei dachte ich, du würdest ihn für einen Tag nicht vermissen! Aber ehe du jetzt vielleicht noch die Garage aufräumst, gebe ich ihn dir lieber gleich wieder!"

Ehe ich das richtig verstand, griff er in seine Hosentasche und holte meinen Ring hervor.

„Ich habe etwas eingravieren lassen. ‚Für die Liebe meines Lebens!' Denn das bist du, Marianne! Dir verdanke ich die schönsten fünfundzwanzig Jahre meines Lebens. Und unsere gemeinsame Tochter!"

Ich war so gerührt, dass ich kaum ein Wort herausbrachte. Was hatte ich doch für einen wunderbaren Ehemann! Nun heulte ich wirklich.

„Oh, es tut mir leid, Schatz!", flüsterte mir Anton ins Ohr. „Ich wollte dich nicht erschrecken. Ich hoffe, du hast nicht das ganze Haus abgesucht!"

„Doch", gestand ich ebenso flüsternd. „Und schau mal, was ich dabei gefunden habe!"

Unter Tränen lächelnd holte ich seinen Ehering hervor und steckte ihn endlich wieder dahin, wo er hingehörte: an Antons Finger.

Klassentreffen

Rebecca und ich lernten uns in den siebziger Jahren kennen. In der Christenlehre. Da besuchten wir beide noch den Kindergarten. Unsere Familien kannten sich durch die Kirche, wir freundeten uns an, saßen in der Schule nebeneinander. Zumindest so lange, bis Rebecca mit ihren Eltern in die damalige Bundesrepublik ausreiste.

„Wir bleiben beste Freundinnen!", versprachen wir uns beim tränenreichen Abschied. Doch das war eher kindliches Wunschdenken, wie die Realität uns lehrte. Einige wenige Briefe wanderten noch hin und her, danach brach der Kontakt ab. Ich wurde erwachsen, heiratete, bekam Kinder. An die Freundin aus Kindertagen dachte ich trotzdem immer wieder. Was wohl aus ihr geworden war, fragte ich mich manchmal. Auch nach der Wende fanden wir nicht wieder zueinander.

Umso erfreuter war ich, als ich vor einigen Monaten die Einladung zum Klassentreffen erhielt.

„Vielleicht kommt Rebecca ja auch!", hoffte ich. Tagelang überlegte ich mir, was ich wohl tragen sollte. Immerhin waren inzwischen über dreißig Jahre vergangen, ob wir uns wohl erkennen würden?

„Mach dir nicht zu viele Hoffnungen!", versuchte mich mein Mann zu bremsen. „Du weißt doch noch gar nicht, wer alles kommt! Außerdem sind wir alle älter geworden!"

Natürlich nahm ich mir seine Worte nicht zu Herzen, im Gegenteil, in meiner Vorstellung kamen sie alle! Und natürlich wurde ich von der Realität enttäuscht. Nicht nur, dass Rebecca nicht kam, man hatte sie nicht einmal eingeladen.

„Sie ist in der zweiten Klasse weggezogen! Was hast du erwartet?", fragte mich eine ehemalige Mitschülerin achselzuckend. „Außerdem war es schon schwer genug, all die anderen zu finden. Nach der langen Zeit! Viele haben geheiratet und andere Namen angenommen!"

Immerhin wusste ein ehemaliger Mitschüler zu berichten, dass er Rebecca einmal getroffen hatte.

„Das ist aber sicher auch schon wieder fast zwanzig Jahre her!", gestand er mir. „Ich traf sie in München und wenn ich mich recht erinnere, erzählte sie mir, dass sie mit ihren Eltern Europa verlassen hatte. Sie sind ausgewandert, als sie noch klein war. Nach Argentinien glaube ich. Oder Brasilien?"

Er war sich nicht sicher und auch wenn es mir schwer fiel, so versuchte ich mich an den Gedanken zu gewöhnen, dass wir uns wohl für immer aus den Augen verloren hatten. Einige alte Schulfreundinnen von mir waren aber doch gekommen und so wurde es alles in allem doch noch ein schöner Tag voller Wiedersehensfreude. Wenngleich eine gewisse Traurigkeit schon blieb. Zu gern hätte ich gewusst, was aus Rebecca geworden war.

„Vielleicht sollte ich mal bei so einer Fernsehsendung anrufen, wo sie nach verschollenen Menschen suchen?", schlug mein Mann vor, als er merkte, wie nahe mir die Sache ging. Doch das wollte ich nicht.

„Nein, auf keinen Fall! Ich breite mein Leben doch nicht vor einem Fernsehpublikum aus! So nahe standen wir uns dann auch wieder nicht!", erstickte ich seinen Vorstoß im Keim.

In den folgenden Monaten hatte ich dann auch gar keine Zeit mehr, viele Gedanken an die Vergangenheit zu verschwenden, mich holte die Zukunft ein. Ich hatte früh geheiratet und insgesamt drei Kinder bekommen. Zwei Jungen und ein Mädchen.

Und meine Tochter, unsere Älteste, stand mir besonders nahe. Sie heiratete im Sommer, und kurz darauf beglückte sie mich mit der frohen Kunde, dass sie ein Kind erwartete.

„Wir werden Großeltern, und das kurz vor unserem fünfzigsten Geburtstag!", witzelte mein Mann.

Ich war hellauf begeistert und verbrachte Stunden damit, Babysachen auszusuchen. Was es inzwischen nicht alles gab! Ich begann sogar, Babysachen zu stricken, etwas, das ich früher bei anderen immer belächelt hatte, immerhin war ich eine moderne Frau. Wie eine Oma fühlte ich mich noch lange nicht, doch das tat meiner Vorfreude keinen Abbruch. Ich wollte eine moderne Oma werden, eine, die mit ihrem Enkel am Computer spielte und ihm Nachrichten übers Smartphone schickte.

So vergingen die Monate und unversehens stand Allerseelen vor der Tür. Meine Vorbereitungen dafür hatten in diesem Jahr deutlich gelitten und so machte ich mich, ganz untypisch, viel zu spät auf den Weg zum Friedhof und hoffte, dass ich es noch schaffen würde, die Gräber einzudecken. Zum Glück lebten meine Eltern noch, auch den Schwiegereltern ging es, von einigen Zipperlein abgesehen, ganz gut, doch auf dem Südfriedhof lagen Hannes und meine Großeltern begraben. Zwei Familiengräber in weniger als einer Stunde bis der Friedhof schließen würde, das war unmöglich zu schaffen. Also spannte ich meinen Mann ein.

„Ich gehe zu meinen Großeltern, du zu deinen!", beschloss ich und schickte Hannes in die andere Ecke des Friedhofs. Als ich gerade dabei war, die letzten Zweige zu richten, bemerkte ich eine Frau am anderen Ende der Reihe. Sie werkelte ebenfalls an ein paar Tannenzweigen herum, steckte sie immer mal wieder anders, es sah alles sehr ungeübt aus. Kopfschüttelnd ging ich zu ihr hinüber, das konnte sich ja keiner mit ansehen. Wer dort begraben lag, wusste ich nicht. Es war das einzige Grab ohne Grabstein, schon deshalb war meine Neugier geweckt. Denn ich hatte dort auch noch nie jemanden gesehen.

„Kann ich vielleicht helfen?", bot ich an. Als sie zu mir aufschaute, stockte mir der Atem. Diese grünen Augen kannte ich doch!

„Rebecca?", fragte ich erstaunt. Die Frau zuckte zusammen.

„Ja?", fragte sie unsicher, dann sah sie mir direkt ins Gesicht. „Johanna? Bist du das wirklich?"

„Ja, ich bin's, Johanna!", sagte ich und nahm ihr den Tannenzweig aus der Hand. „Basteln konntest du schon als Kind nicht besonders gut!"

Rebecca kicherte. „Das stimmt. Und daran hat sich leider nichts geändert. Mein Gott, wie geht es dir? Hast du Familie?"

Ich wusste gar nicht, welche Frage ich ihr zuerst beantworten sollte. Mit ein paar geübten Handgriffen richtete ich die Zweige und erzählte ihr von Hannes und den Kindern. Meinem Beruf als Lehrerin und wie viel Spaß ich immer noch an Basteleien aller Art hatte.

„Warum unterhalten wir uns nicht bei mir zu Hause weiter?", schlug ich vor.

Rebecca nickte. „Ja, es wäre schön, heute Abend nicht allein zu sein. Ich bin zum ersten Mal allein wieder in Deutschland. Letztes Jahr war Mama noch mit, aber sie hat sich kurz vor der Abreise das Bein gebrochen. Es wird wieder, aber mitkommen konnte sie dieses Jahr nicht. Dabei kommen wir seit Jahren an Allerseelen für einen Tag zurück, um das Grab der Großeltern winterfest zu machen. So wie früher, als wir noch hier gewohnt haben!"

Später erfuhr ich, dass es Rebecca nach Venezuela verschlagen hatte. Auch sie hatte früh geheiratet und war Lehrerin geworden. Und es gab noch mehr Parallelen: Wir hatten beide drei Kinder bekommen! Doch im Gegensatz zu mir war sie bereits stolze Großmutter.

„Vor zwei Jahren hat mein Sohn mich dazu gemacht!", erzählte sie mir schmunzelnd. „Das hätten wir uns damals wohl nicht träumen lassen, oder?"

Ungläubig stellten wir beide fest, dass wir uns in all den Jahren immer nur knapp auf dem Friedhof verpasst haben mussten. Wir redeten die ganze Nacht, bevor sie am nächsten Tag in aller Frühe nach München zu ihrer in Deutschland lebenden Verwandtschaft aufbrach. Natürlich tauschten wir Telefonnummer und Mailadressen und unser Abschied war genauso tränenreich wie der erste.

„Ihr seht euch doch wieder!", versuchte mein Mann uns beide zu trösten. „Spätestens nächstes Jahr an Allerseelen. Wir gehen dann auch wieder am Nachmittag auf den Friedhof!"

Letzter Streit

Mein Mann Artur und ich sind seit fünf Jahren verheiratet und immer noch ist unsere Beziehung alles andere als langweilig. Wir sind beide recht temperamentvoll. Deshalb wachsen sich kleine Streitereien auch schnell mal zu einem handfesten Krach aus. So auch an diesem Tag. Ich war müde und schon leicht genervt von der Arbeit im Supermarkt nach Hause gekommen und über Arturs Tasche im Flur gestolpert, mit der er später zum Sport wollte.

„Aber jetzt sitzt du noch vor deinem Rechner, während schon mal alles im Weg liegt!", brummte ich. Ein Wort gab das andere und kurz darauf brüllten wir uns an. Es ging um Lappalien, liegengebliebene Gegenstände, nicht abgewaschenes Geschirr und andere Kleinigkeiten. Wir steigerten uns, wie so oft, regelrecht hinein und schaukelten uns gegenseitig hoch. Für klare Gedanken war da längst kein Platz mehr.

„Mir reicht es, ich gehe!", schrie Artur, als ihm auch noch die letzten unsachlichen Argumente ausgingen. Er knallte die Tür hinter sich zu, während ich weiter tobte. Ich hörte draußen den Motor seines Wagens aufheulen, doch das interessierte mich nicht. Keinen Moment dachte ich daran, dass unser Streit das Letzte sein könnte, was mir von unserer Ehe blieb, warum auch?

Als er längst weg war, beruhigte ich mich langsam. Wir waren beide schuld an diesem Streit, sah ich ein. Auch, dass ich vielleicht nicht hätte gleich über ihn herfallen müssen mit meinem Gemecker. Aber kannte er mich denn nicht? Er wusste doch, wie ich war! Ordnungsfanatisch ohne Ende und schnell auf die

Palme zu bringen. Warum nahm er darauf keine Rücksicht? Er musste doch nun wirklich nicht dauern irgendetwas im Weg liegen und stehen lassen! Das provozierte den Streit doch geradezu. Über unsere eigene Verbohrtheit schmunzelnd, griff ich zum Telefon. Ich hatte mich beruhigt, jetzt konnte ich auch wieder vernünftig denken und ein ordentliches Gespräch führen. Und mich vielleicht sogar entschuldigen. Natürlich nur, wenn er es auch tat. Doch statt meinen Mann erreichte ich nur die Mailbox. Klar, versuchte ich meinen erneut aufsteigenden Ärger zu unterdrücken, er wollte ja zum Sport. Und da nahm er das Handy nicht mit. Doch als ich wenig später im Flur wieder über die gleiche Tasche stolperte, war es mit meiner Gelassenheit erst einmal vorbei. Er war also gar nicht zum Sport gefahren, sondern einfach nur abgehauen! Und nun ging er noch nicht einmal ans Telefon, wo ich doch bereit war, mich mit ihm zu versöhnen und auch eigene Schwächen einzugestehen! So nicht, mein Lieber, brodelte ich vor mich hin. Mein Blick wanderte in den nächsten anderthalb Stunden gefühlte tausend Mal zur Uhr. Nach einer weiteren halben Stunde probierte ich es erneut auf dem Handy – wieder nur die Mailbox. Wo war Artur denn bloß hingefahren? Draußen war es stockfinster und inzwischen auch ganz schön nebelig. Wir lebten auf dem Land, die Alleen hier in Brandenburg sind legendär, und das leider nicht nur wegen ihrer malerischen Schönheit. Bis zum Fitnessstudio, zu dem Artur ja ohne Sportsachen ohnehin nicht gefahren war, waren es nur ein paar Minuten mit dem Auto. Was aber, wenn er in seiner Wut nach unserem Streit irgendwo da draußen herumfuhr? Einfach, um sich abzureagieren. Man sah doch kaum noch die Hand vor Augen!

Im Minutentakt versuchte ich nun, ihn anzurufen. Umsonst. Meine Wut kehrte sich langsam in Sorge um. Um mich abzu-

lenken, schaltete ich das Radio ein, pünktlich zu den Verkehrsnachrichten.

„Die B 167 hinter Alt Ruppin ist wegen eines Unfalls komplett
in beide Fahrtrichtungen gesperrt …", hörte ich gerade noch.
Mein Herz setzte vor Schreck fast aus. Das war doch ganz hier
in der Nähe! Es musste ein schwerer Unfall sein, wenn sie
gleich alles absperrten. Kein Wunder bei dem Wetter, schoss
es mir durch den Kopf. Inständig hoffte ich, dass Artur nur vor
lauter Sturheit nicht ans Telefon ging.

Eine weitere halbe Stunde später hatte ich meinen Mann immer noch nicht erreicht.

„Vielleicht solltest du mal die Krankenhäuser abtelefonieren,
ehe du dich noch länger verrückt machst", riet mir meine beste
Freundin, die ich in meiner Not angerufen hatte. Von unserem
Streit hatte ich ihr natürlich nichts erzählt, nur, dass ich Artur
nicht erreichen konnte. Und von dem Unfall natürlich.

„Oder ruf doch die Polizei an und frage nach diesem Unfall.
Du kannst doch sagen, dass du dir um deinen Mann Sorgen
machst!"

Nach einem weiteren Fehlversuch auf Arturs Handy hielt ich
diese Idee dann gar nicht mehr für so abwegig. Sollten die
doch von mir denken, was sie wollten. Ich wurde vor Angst
fast verrückt, denn das fiese Gefühl, dass Artur etwas passiert
sein könnte, weil er wegen unseres Streits einfach abgehau-
en war, ließ mich keinen klaren Gedanken fassen. Wir liebten
uns doch! Warum mussten wir immer streiten? Jeder Moment
konnte der letzte sein, das predigte mir meine Mama, so lange
ich denken konnte, doch wie sich das anfühlte, wurde mir erst
jetzt so richtig klar. Entschlossen wählte ich die Nummer der
Polizei. Leider konnten die mir auch nicht weiterhelfen.

„Es tut mir leid, aber wir haben die Unfallbeteiligten noch

nicht identifiziert. Was für einen Wagen fährt Ihr Mann denn?"
„Einen weißen Golf!", flüsterte ich und schickte ein Stoßgebet zum Himmel. „Bitte, bitte, lieber Gott, ich werde ganz sicher nie mehr so kleinlich sein, aber bitte lass Artur nichts passiert sein!", flehte ich.

„Ein solches Fahrzeug war nicht an dem Unfall beteiligt!", erklärte mir der Beamte. Auch wenn mir erst einmal ein Stein vom Herzen fiel, machte ich mir weiterhin Sorgen. Denn Arturs Handy reagierte nach wie vor nicht. Was, wenn er hilflos im Straßengraben lag, weil er in seiner Wut von der Straße abgekommen war? Die Szenarien in meinem Kopf wurden immer düsterer.

Es war weit nach zehn, als es klingelte. Im Geiste sah ich schon die Polizei vor der Tür stehen, zusammen mit unserem Pfarrer, und mir etwas von einem schrecklichen Unglück erzählen. Mit zitternden Knien machte ich auf.

„Hey Schatz", flüsterte Artur und schob sich zögernd an mir vorbei. Wie sah er denn aus? Völlig abgehetzt und bis auf die Haut durchgeweicht.

Er hielt etwas in der Hand. „Hier, ich habe dir ein paar Blumen gepflückt unterwegs. Kann sein, dass auch Unkraut dabei ist, so richtig konnte ich das in der Dunkelheit nicht unterscheiden." Mit einem Schluchzen fiel ich ihm in die Arme. Artur drückte mich fest an sich. Er fühlte sich ganz kalt an.

„Es tut mir leid, Schatz. Alles. Es war so blöd, einfach abzuhauen. Noch dazu ohne die Sporttasche. Ich bin so ein Idiot! Ich liebe dich doch, wir sollten nicht streiten!"

„Wo warst du denn?", fragte ich und erschrak vor meiner eigenen Stimme.

„Ich bin auf der Landstraße liegen geblieben. Kein Benzin

mehr!", erklärte er mir verschämt. „Und da ich meine Sachen ja liegen gelassen habe, hatte ich auch nur den Autoschlüssel dabei. Keine Geldbörse, keine Kreditkarte, nichts. Und der Akku vom Handy war auch leer. Also bin ich zurückgelaufen, denn natürlich hat auch niemand angehalten und mich mitgenommen. Auf dem Heimweg hatte ich dann viel Zeit nachzudenken. Und für die Blumen."

Wortlos drückte ich ihn an mich. Und nahm mir fest vor, mich an mein Versprechen zu halten.

Spurlos verschwunden

Als Mutter einer lebhaften Dreijährigen war ich einiges gewohnt. Von der allabendlichen Monsterjagd vor dem Zubettgehen bis hin zu stundenlangen Singaktionen, um Sophie endlich zum Einschlafen zu bewegen. Eigentlich musste man bei ihr immer auf der Hut sein. Doch sie konnte auch ein wahres Engelchen sein, lieb, anschmiegsam und sehr brav. Mit ihren blonden Löckchen und den blauen Augen wickelte sie einfach jeden um ihren kleinen Finger.

Es war ein herrlicher Sommertag und eigentlich wollte ich Sophie zum Mittagschlaf hinlegen. Wie so oft hatte meine Kleine aber genau dazu keine Lust.

„Nein!", kreischte sie jedes Mal, wenn ich sie eingefangen und in ihr Zimmer gebracht hatte. Dann wehrte sie sich, was das Zeug hielt, und entwischte mir wieder. Für sie war es nur ein Spiel, das sie lustig fand, ich dagegen wurde zunehmend gereizter.

Als das Telefon klingelte, gab ich die Aktion vorläufig auf, in der Hoffnung, mein Kind später beruhigen und hinlegen zu können. Es meldete sich eine alte Schulfreundin, wir hatten uns bestimmt zehn Jahre nicht gesehen und unversehens gerieten wir ins Plaudern. Erst als wir fertig waren, fiel mir auf, dass ich Sophie gar nicht mehr hörte. In dem Moment schrillten bei mir sämtliche Alarmglocken.

„Wenn man Kinder nicht mehr hört, ist Gefahr im Verzug!", behauptete meine Mama immer wieder gern. Trotzdem blieb ich noch optimistisch. Vielleicht, so meine irrige Annahme, war sie allein in ihr Bettchen marschiert? Schnell sah ich nach und bekam einen Riesenschreck: Das Kinderbett war leer und von meiner Tochter fehlte jede Spur. Sie spielte weder in ihrem Zimmer noch irgendwo anders in der ersten Etage.

„Sophie!", rief ich aufgeregt. Ich sauste durchs ganze Haus, nichts. Mein Puls beschleunigte sich mit jeder Sekunde, dann sah ich die offenstehende Terrassentür. „Oh nein!", schrie ich und rannte auf die Straße. Hektisch blickte ich nach allen Seiten, doch nirgends war meine Tochter zu sehen.

„Sophie!", schrie ich wieder und lief in meiner Panik bis zur nächsten Ecke. Ich entdeckte sie jedoch nirgends. Ratlos rannte ich wieder nach Hause, denn ich hatte in meiner Panik einfach alles offenstehen gelassen. Zum Glück wohnen wir in einer ruhigen Gegend, eigentlich passierte hier nie etwas. Aber normalerweise rannten Kinder wie Sophie auch nicht allein draußen rum. Wieder zurück, zwang ich mich, mich zu beruhigen. Ich schaute in jedes Zimmer – nichts. Dann sah ich im Garten nach – umsonst.

„Bitte, Mama, Sophie ist weg, ich weiß nicht, was ich machen soll!", weinte ich mich danach am Telefon aus. Meine Eltern leben zweihundert Kilometer entfernt von uns, Mama konnte also nicht mal schnell bei mir vorbei kommen und mir zur Seite stehen. Immerhin gab sie mir den Rat, zunächst meinen Mann, dann sofort die Polizei zu informieren.

„Bei einem so kleinen Kind würde ich nicht warten!", ermahnte sie mich. Und ich tat, was sie sagte, zumindest rief ich meinen Mann Nils an.

„Hast du schon mal bei Schröders gefragt? Sophie hat doch einen Narren an deren Hund gefressen! Vielleicht ist sie durch die Hecke rübergekrabbelt?"

Daran hatte ich ja überhaupt noch nicht gedacht! Ich rannte gleich hinaus in den Garten und sah nach. Doch weder Schröders, noch ihr Hund waren zu Hause. Ich kletterte sogar auf unsere Hollywoodschaukel, um Schröders Garten besser einsehen zu können, doch auch dort turnte mein Kind nicht herum. Sophie war wie vom Erdboden verschluckt. Nirgends lag ein Hausschuh von ihr herum oder ein Spielzeug, es fehlte jede Spur von ihr.

Also rief ich in meiner Not die Polizei. Die auch sofort reagierte.

„Wenn ein Kind in dem Alter verschwindet, ist das immer ernst zu nehmen!", versicherte mir eine junge Beamtin am Telefon und versprach, gleich eine Streife vorbeizuschicken. Zehn Minuten später traf diese auch ein. Die beiden Polizisten waren wirklich sehr freundlich, sahen sich Sophies Zimmer an, dann die offenstehende Terrassentür.

„Ich mache mir die größten Vorwürfe!", weinte ich, während ich den Beamten alles berichtete. Dann hörte ich die Haustür klappen – Nils war gekommen.

„Ich kann doch nicht arbeiten, wenn unsere kleine Maus verschwunden ist!", erklärte er mir. Und ich erzählte alles noch einmal von vorn. Auch Nils sah im Kinderzimmer nach, guckte sogar unters Bett, doch natürlich war Sophie nicht da. Eine Dreijährige konnte man ja auch schlecht übersehen!

„Sie ist bestimmt auf die Straße gelaufen!", mutmaßte ich. „Sie ist doch so neugierig! Wer weiß, was da ihre Aufmerksamkeit erregt hat!"

Ich konnte mir die Szene bildlich vorstellen, wie mein Kind draußen einen Spatzen herumhüpfen sah und sofort losstürmte. Sie war doch noch so klein, logisch denken konnte sie nicht. Prompt fielen mir tausend Begebenheiten ein, in denen mich Sophie zum Lachen gebracht hatte. Ob ihrer Neugier oder ihrer Tollpatschigkeit.

„Ich will meine Sophie wiederhaben!", weinte ich. Je mehr Zeit verging, desto mehr Angst bekam ich.

„Wir suchen jetzt die Gegend mit Streifenwagen ab, wenn das ergebnislos verläuft, leiten wir eine Großfahndung ein", hörte ich einen der Beamten zu meinem Mann sagen.

„Sollen wir für Sie einen Arzt rufen?", fragte mich eine junge Polizistin fürsorglich. Ich schüttelte den Kopf, trotzdem wimmelte es plötzlich in unserem Haus nur so von Leuten. Polizisten, eine Notfallseelsorgerin und unser Pfarrer tummelten sich plötzlich um mich herum. Alle waren sehr besorgt und bemühten sich trotzdem, Optimismus zu verbreiten. Dabei hatten wohl alle die gleichen bösen Schlagzeilen im Kopf.

„Versuch dich zu erinnern, wann hast du Sophie das letzte Mal gesehen?", fragte Nils weiter. „War das oben in ihrem Zimmer oder hier unten?"

Ich überlegte einen Moment. Hätte ich vorhin noch schwören können, dass es oben im Kinderzimmer war, so wurde ich von Sekunde zu Sekunde unsicherer. „Vielleicht war es auch hier unten?" Nun war ich vollends durcheinander.

Der Pfarrer setzte sich auf unser schönes Ledersofa und klopfte neben sich auf die Sitzfläche.

„Kommen Sie, Martina, setzen Sie sich!", verlangte er. „Sonst brechen Sie noch zusammen!"

Unser Pfarrer war eine Seele von einem Menschen, ohne viele Worte gab er jedem das Gefühl, ihn zu verstehen. Als Gemeindereferentin hatte ich oft mit ihm zu tun, er hatte Nils und mich getraut, Sophie getauft. Nun war es das erste Mal, dass ich seinen seelischen Beistand brauchte. Er nahm meine Hand und drückte sie ganz fest. Worte brauchte es da nicht. Was hätte er auch sagen sollen? Ich ließ mich erschöpft nieder und streckte die Beine aus. Am liebsten hätte ich meine Augen ganz fest zugekniffen, wie Sophie das immer tat, und sie erst dann wieder geöffnet, wenn mein kleiner Schatz wieder da war. Die Angst nahm mir fast die Luft zum Atmen. Plötzlich tat sich etwas unter der bodenlangen Tischdecke. Ein vertrautes kleines Brummeln drang an mein Ohr, dann spürte ich, wie etwas auf meine Füße plumpste. Vor Schreck war ich wie erstarrt. Und auf einmal steckte eine verschlafene kleine Sophie ihr Lockenköpfchen unter der Tischdecke hervor.

„Mama fertig mit Telefonieren?", fragte sie und streckte mir ihre Ärmchen entgegen. Sprachlos nickte ich und zog sie zu mir hoch.

„Sophie ganz müde!", brummelte sie und kuschelte sich ganz fest in meinen Arm.

Nie im Leben war ich erleichterter als in diesem Moment. Ich nahm mir ganz fest vor, nie wieder mein Kind unbeaufsichtigt zu lassen und dankte allen Nachbarn und Helfern von Herzen.

„Das ist uns immer der liebste Ausgang einer Vermisstenmeldung!", beruhigten mich die Polizisten zum Abschied. „Wenn alles gut geht!"

Sophie störte sich an dem ganzen Rummel nicht. Sie schlummerte friedlich noch eine weitere Stunde. Vermutlich, um Kraft zu tanken für unsere allabendliche Monsterjagd.

Ein überraschender Helfer

Wir wohnten schon eine ganze Weile in der hübschen Vorstadtsiedlung aus den zwanziger Jahren des letzten Jahrhunderts, als mir ein Missgeschick passierte. Ich war wie immer in Eile und nur kurz zwischen zwei Terminen nach Hause gehetzt, weil ich etwas vergessen hatte. Doch in der Hektik passierte das Malheur, ich sperrte mich aus meinem eigenen Auto aus. Der Schlüssel steckte und ich hatte, ganz gewohnheitsmäßig, den Knopf der Türverriegelung bereits runtergedrückt. Bei einem alten Modell wie dem meinen ging das ziemlich schnell. Nun stand ich da, kam weder ins Haus, weil meine Handtasche auf dem Beifahrersitz lag, noch ins Auto. Einzig mein Mobiltelefon ertastete ich in der Jackentasche. Schnell rief ich meinen Mann an.

„Tut mir echt leid, Frau Schumann, aber Ihr Mann ist in einer Besprechung!", vertröstete mich seine Sekretärin. Sie war nett, aber leider machtlos. Immerhin versprach sie, den ADAC zu rufen, der mir in meiner misslichen Lage vielleicht helfen konnte. „Hoffentlich beeilen die sich, ich muss nämlich weiter!", verabschiedete ich mich und tigerte unruhig die Straße auf und ab. Kurz entschlossen klingelte ich bei den Häuslers, unseren Nachbarn, doch erwartungsgemäß waren die natürlich auf Arbeit, jedenfalls öffnete niemand die Tür. So ging es mir noch an drei weiteren Haustüren, klar, es war mitten am Vormittag, was hatte ich erwartet!

Ich überlegte kurz, doch den Gedanken an den kauzigen Dröhmer, den Nachbarn zu unserer Rechten, verscheuchte ich ganz schnell wieder. Der Mann war nicht nur meinem fünfjährigen

Sohn unheimlich, sondern sogar mir. Woran das lag, konnte ich nicht einmal genau sagen. Er lebte komplett zurückgezogen, Besuch bekam er eigentlich auch niemals, zumindest hatte ich das noch nie beobachtet, und überhaupt sah er auch recht merkwürdig aus. Er war bestimmt schon über siebzig, trug das graue Haar jedoch länger als ich meines, dazu war er stets mit einem altertümlichen Schlapphut und einem ausgeblichenen Parka bekleidet. Er grüßte nur, wenn man ihn direkt ansprach. Und als wir uns bei ihm vorgestellt hatten, kurz nach unserem Einzug, hatte er uns auch nur mürrisch „Guten Tag" gesagt. Auch zu den anderen Nachbarn hatte er keinen Kontakt, er war ganz offensichtlich das, was man einen Einsiedler nannten. Als nach einer guten halben Stunde von den Gelben Engeln immer noch nichts zu sehen war, wurde ich langsam sehr unruhig. Ich arbeite in der häuslichen Krankenpflege, meine Patienten warten auf mich. Oft bin ich die Einzige, die tagsüber nach ihnen sah und sie waren alles andere als sehr geduldig, machten sich auch schnell Sorgen, klar, sie hatten ja jede Menge Zeit. Ich rief also erneut im Büro meines Mannes an, doch die Besprechung war immer noch nicht zu Ende.

„Ich kann aber noch mal beim ADAC anrufen!", versprach mir seine Sekretärin. „Ich fürchte nur, Sie müssen Geduld haben!" An Geduld mangelt es mir im Allgemeinen nicht, nur an der Zeit dafür. Deshalb spazierte ich weiter unruhig auf und ab. Natürlich kam ich dabei auch an Dröhmers Haus vorbei, der just in dem Moment im Garten herumbuddelte. Ich überlegte einen Moment, dann wagte ich, mehr aus der Verzweiflung heraus, einen Vorstoß.

„Ähm, Entschuldigung, aber Sie sind nicht zufällig handwerklich talentiert?", fragte ich zaghaft.

Der alte Mann sah mich erstaunt an. „Frau Schuhmann, richtig?", fragte er und kam näher. Bei Tageslicht betrachtet, wirkte er gar nicht mehr so unheimlich.

„Ja, ich wohne nebenan", sah ich mich zu einer Erklärung genötigt.

„Was haben Sie denn für ein Problem?", wollte er wissen.

„Ich habe mich aus dem Wagen ausgesperrt!", erklärte ich ihm.

„Und meine Patienten warten. Ich arbeite bei einem ambulanten Pflegedienst und betreue vornehmlich alte Menschen, die auf Hilfe angewiesen sind."

„Interessant", merkte er an und griff sich ein Werkzeug von seiner Schubkarre. „Das ist sicher ein harter Beruf. Respekt, ich könnte das nicht!"

Seine Stimme klang aufrichtig mitfühlend, stellte ich fest.

„Ich sehe mal, was ich tun kann. Ich bin Theologe, habe jahrelang Studien betrieben in Israel und Jordanien, da muss man oft selbst zupacken. Aber wirklich talentiert auf dem Gebiet bin ich nicht."

Er besah sich den Kofferraum, dann die Fahrerseite. „Also, ich fürchte, da kann ich ohne das richtige Werkzeug nicht viel machen", gab er zu. „Höchstens Schaden anrichten. Aber wenn Sie wollen, können Sie meinen Wagen nehmen. Ich bin ja zu Hause, wir machen einen Zettel an die Windschutzscheibe und dann kümmere ich mich mit dem ADAC darum, wenn die endlich kommen, was meinen Sie?"

Ich war überwältigt. „Aber Sie kennen mich doch gar nicht!", stellte ich fest. „Da geben Sie mir einfach Ihr Auto?"

Herr Dröhmer nickte. „Ich bin ein alter Kauz und hier nicht besonders gut gelitten. Aber wenn jemand Hilfe braucht und, wie Sie, das Herz auf dem richtigen Fleck hat, dann sehe ich nicht tatenlos zu. Nehmen Sie den Wagen, Sie bringen ihn schon wieder, da habe ich keine Bange!"

Mehr aus der Not heraus als aus Überzeugung nahm ich sein Angebot an, sprang in seinen ziemlich neuen Passat und düste zu meinem nächsten Patienten. Als ich am Nachmittag den Wagen zurückbrachte, hatte ich bereits einen Plan.

„Warum engagieren Sie sich nicht in unserer Gemeinde?", fragte ich ihn. „Die Leute sind sehr nett und Sie haben bestimmt viele interessante Geschichten zu erzählen!", versuchte ich ihn zu überzeugen. „Am besten kommen Sie heute Abend mit zum Gemeindeabend. Sie werden sehen, man freut sich auf Sie!"

Natürlich sagte ich ihm nicht, dass ich die Zeit genutzt und ein paar Telefonate getätigt hatte. Die Gemeindemitglieder, auf die wir trafen, waren alle informiert. Und sie empfingen ihn auch so, wie ich es mir vorgestellt hatte.

Heute ist Hartmut Dröhmer nicht nur ein allseits beliebtes Mitglied unserer Gemeinde, sondern auch der gefragteste Gesprächspartner überhaupt. Seine Geschichten und Erlebnisberichte sind der Höhepunkt jeder Veranstaltung, selbst die Lehrer der beiden Schulen im Umkreis haben ihn schon gefragt, ob er dort nicht ein paar Vorträge halten könnte. Für meine Familie und mich hatte mein Missgeschick noch einen anderen positiven Nebeneffekt: Hartmut Dröhmer gehört für uns nämlich inzwischen zur Familie – unsere Kinder haben ihn als Ersatzopa praktisch adoptiert.

Eine fabelhafte Idee

*B*evor meine Tochter geboren wurde, war ich Tanzlehrerin. Mit Leib und Seele und noch heute kümmere ich mich in unserer Gemeinde um sportliche Aktivitäten, auch wenn diese mehr aus kleinen Gymnastikübungen für unsere Senioren bestehen. Ich war eine späte Mama, wie man so schön sagt, aber dafür war unser Verhältnis umso inniger.

An einem schönen Donnerstagmittag hatte ich gerade eine herrlich duftende Hühnersuppe auf dem Herd, als der Postbote mich mit einem Paket für die Nachbarn ablenkte. Kaum war er weg, fiel die Tür hinter mir ins Schloss und ich stand da: Mit dem fremden Paket in der Hand in meinem Vorgarten und natürlich ohne Haustürschlüssel. Und meine Suppe brodelte auf dem Gasherd. In Kürze musste ich ihn runterdrehen, sonst würde alles überlaufen. Von der Schweinerei einmal abgesehen, wenn die Flamme gelöscht war, würde Gas austreten! Mein Herz überschlug sich fast bei der Vorstellung, hier gleich einen Alarm auszulösen. Gas war eine gefährliche Angelegenheit, so viel war klar. Und mit meiner Unvorsichtigkeit konnte ich ganz schnell die halbe Nachbarschaft gefährden! Was sollte ich tun? Bei den Nachbarn klingeln? Ich sah an mir herab und entschied, nein, besser nicht in dem Aufzug. Eitel war ich schon immer. Hätte ich ein Mobiltelefon, so wie alle anderen auch, hätte ich ja vielleicht die Polizei, die Feuerwehr oder wenigstens einen Schlüsseldienst rufen können, doch ich hatte keins.

Ich rüttelte also eine Weile sinnlos an der verschlossenen Tür herum, natürlich ging sie nicht wie von Zauberhand wieder auf. Die Kellertür im hinteren Garten, schoss es mir durch den

Kopf! Mit dem Paket im Arm marschierte ich ums Haus herum, nur um festzustellen, dass ich ordentlicher Mensch diese natürlich abgeschlossenen hatte! Hier ging gar nichts, musste ich einsehen. Also die Terrassentür? Doch die befand sich im ersten Stock!

Einigermaßen unentschlossen schaute ich hoch. Das waren einige Meter Höhenunterschied. Doch hatte ich eine Wahl? Wenn ich die Suppe nicht vom Herd holte, lief ich Gefahr, das ganze Haus in die Luft zu jagen! Warum hatte ich auch damals beim Einzug nur auf einen Gasherd bestanden? Ich war also selbst schuld an dem Schlamassel, in dem ich nun steckte.

Da inzwischen mehr Zeit vergangen war, als gut für meine Suppe gewesen wäre, überlegte ich nicht lange. Ich war schließlich gelenkig, wenn auch etwas außer Form, wie ich mir eingestehen musste. Trotzdem setzte ich mutig zu einem Kletterversuch an. Der Fliederbaum stand praktischerweise recht nah am Haus und meine Tochter hatte es ja auch immer ganz gut hinbekommen, von diesem auf die Terrasse zu klettern, auch wenn das zugegebenermaßen schon eine Weile her war. Auf dem ersten Ast angekommen, testete ich erst einmal die Standhaftigkeit des nächsten, bevor ich auch die nächsten Höhenmeter erklomm. Und je weiter ich nach oben kletterte, desto mehr Spaß machte die Sache sogar. Wenn ich nicht den blöden Gasherd im Hinterkopf gehabt hätte, ich hätte die Kletterpartie sogar genießen können, wann macht man so was jedenfalls schon mal? Obwohl der Fliederbaum schon immer vor dem Haus, respektive dahinter, stand, war ich bislang noch nie darauf gekommen, das einmal zu versuchen. Es dauerte eine Weile, aber schließlich hatte ich es geschafft, ich hatte die Terrasse erreicht! Siegessicher marschierte ich zur Tür – verschlossen. Natürlich! Ich war eben wirklich sehr, sehr ordentlich, wie meine Tochter des Öfteren bemerkte. Doch von dieser Kleinigkeit ließ ich mich, euphorisch wie ich mich nach dem Erklimmen des Fliederbaums fühlte, nicht abhalten. Beherzt griff ich nach einem Blumenkasten und schleuderte ihn mit aller Kraft gegen die Tür. Es tat einen harten Schlag, dann splitterte Glas und ich hatte die Gewissheit, eine neue Terrassentür zu benötigen. Mit einem vorsichtigen Griff öffnete ich die Tür, stieg vorsichtig über die Scherben und lief so schnell ich konnte in die Küche. Die Suppe brodelte gefährlich vor sich hin und ein Teil war auch schon übergelaufen. Zum Glück brannte die Flamme noch. Mit einem geübten Griff zog ich den Topf vom Herd – ja, das wurde eine wirklich köstliche Suppe!

Dann kümmerte ich mich um die Scherben im ersten Stock, rief einen Glaser wegen der Tür an und holte das unsägliche Paket von der Kellertür ab, den Haustürschlüssel fest in der Hand.

Als eine Stunde später mein Enkel, wie versprochen, zum Mittag kam, freute er sich über sein Leibgericht.

„Omi, du bist echt die beste Köchin, die es gibt!", lobte er mich und nahm sich eine große Kelle Nachschlag und löffelte die Suppe begierig in sich hinein.

„Wie war dein Tag?", fragte er und nahm sich eine weitere Kelle. Ja, er liebte meine Suppe wirklich und ich liebte es, sie ihm zu kochen.

„Nun ja", gab ich zu. „Ich hatte ein paar Unannehmlichkeiten, aber nichts Besonderes! Ich habe ein Paket für die Nachbarn angenommen und meine Terrassentür demoliert. Aber sie quietschte ohnehin ein bisschen", gab ich zu. Meinen Ausflug auf den Fliederbaum verschwieg ich wohlweißlich. Er war als Kind nie auf den Baum geklettert, fiel mir ein. Er hatte sich lieber mit Autos und Computern beschäftigt.

„Du bist echt unglaublich, Omi!", lachte er daraufhin. „Die meisten alten Leute, die ich kenne, jammern den ganzen Tag über Krankheiten! Glaub mir, während meines sozialen Jahres im Altenheim habe ich da genug gehört und gesehen!"

„Alte Leute!", protestierte ich empört. „Ich bin doch nicht alt!"

„Nein!", grinste er mich an. „Du bist super, wirklich. Manchmal glaube ich aber, du vergisst, dass du nächsten Monat schon achtundsiebzig wirst!"

Und damit hatte er zweifellos recht. Denn das Alter hatte für mich noch nie eine Bedeutung gehabt.

Die Brosche

Als meine Schwiegermutter vor neun Jahren verstarb, war nicht nur mein Mann untröstlich. Hanna und ich hatten einander von Anfang an ins Herz geschlossen. Dass wir sie nach ihrem Schlaganfall zu uns holten, war deshalb nur eine logische Konsequenz. Wir lagen auf einer Wellenlänge, und trotz ihrer körperlichen Einschränkungen bereicherte sie unser Familienleben weiterhin. Ich hatte wie sie Theologie studiert, unterrichte seit zwanzig Jahren und Hanna liebte die kleinen Geschichten, die ich ihr von meinen Studenten erzählte. Sie ermutigte mich auch, meinen Beruf nie aufzugeben, selbst als ich das, angesichts ihres Gesundheitszustandes, in Betracht zog. „Nein, Liebes, ich arrangiere mich mit einem Pflegedienst!", lehnte sie ab. „Du liebst deinen Beruf, außerdem würde ich deine Geschichten vermissen! Und du deine Studenten!"
Natürlich hatte sie recht damit.
Kurz vor ihrem Tod schenkte sie mir eine wundervolle Brosche. „Ein Erbstück, ich habe sie zur Hochzeit von meiner Patentante bekommen!", hatte sie mir erklärt. „Gold mit einer echten Perle, siehst du? Nun sollst du sie bekommen. Und eines Tages wirst du spüren, wann es Zeit ist, sie an Isabella weiterzugeben!"
Unsere Tochter hing sehr an ihrer Großmutter und sie war es auch, die mich nötigte, die Brosche zu tragen.
„Es wäre schade, wenn sie nur im Schmuckkästchen liegen würde, noch dazu sie dir wirklich gut steht. Vor allem an deinen Blazern sieht sie toll aus!"
Sie wurde zu meinem Glücksbringer, besonders nach Hannas

Tod. Und vor allem, wenn ich Vorträge vor Fachpublikum halten musste, half sie mir, so bildete ich es mir jedenfalls ein, meine Nervosität und mein Lampenfieber zu überwinden. Es war fast so, als wäre Hannas Ruhe und innere Stärke ein Bestandteil dieses kleinen Schmuckstücks geworden. Keinen einzigen Vortrag hielt ich mehr ohne sie.

Als ich jedoch neulich von einem Theologenkongress in München zurückkam und sie von meinem Blazer abnehmen wollte, war sie weg.

„Du hast sie sicher nur verlegt!", beruhigte mich mein Mann.

„Aber in München hatte ich sie noch!", beharrte ich. „Ohne wäre ich vor Lampenfieber doch gestorben!"

Ich durchsuchte mein Schmuckkästchen, nahm mir jeden einzelnen Blazer vor und suchte sogar in Handtaschen und dem Koffer danach. Umsonst. Sie war nicht mehr da.

„Ich muss sie im Flugzeug verloren haben!", schlussfolgerte ich.

„Dann ruf bei der Fluggesellschaft an, vielleicht hat sie jemand gefunden! Sie ist ja auch einiges wert, sie wurde bestimmt abgegeben!", blieb Gabriel optimistisch. Er glaubte schon immer an das Gute im Menschen, während ich mit zunehmenden Alter diesen Glauben verlor. Gerade weil die Brosche nicht nur ideell wertvoll war, befürchtete ich das Schlimmste. Mein Anruf bei der Fluggesellschaft gab mir recht, niemand hatte sie abgegeben.

„Versuchen Sie es im Fundbüro oder schalten Sie eine Suchanzeige, hier und in München", riet mir die Angestellte. „Und bieten Sie einen Finderlohn an, so etwas kann Wunder bewirken!"

Als nächstes rief ich im Fundbüro an, doch auch dort hatte nach dem Flug keiner etwas abgegeben.

„Wir haben jede Menge Fundstücke, aber in den letzten Tagen kam nichts rein!", bedauerte die freundliche Mitarbeiterin.

Also schalteten wir in den beiden großen Tageszeitungen eine Anzeige und hofften, doch es meldete sich niemand.

„Vielleicht hat der Finder sie nicht gelesen!", suchte Gabriel nach einer Erklärung. Er gab die Hoffnung eben nicht auf, im Gegensatz zu mir.

„Ich weiß gar nicht, wie ich jemals wieder einen Vortrag halten soll!", sagte ich bekümmert. Die Sache ging mir unheimlich nahe, auch wenn ich sonst eigentlich nicht besonders materiell eingestellt bin. Aber für mich war diese Brosche mehr als nur ein Schmuckstück, sie war Hannas Vermächtnis, etwas, das sie mir anvertraut hatte.

„Deine Mutter und ihre Patentante haben sie durch zwei Weltkriege hinweg gerettet und ich verliere sie einfach!", warf ich mir vor. Gabriel wusste schon gar nicht mehr, was er sagen sollte. Zum Glück machte mir niemand Vorwürfe.

„Warum versuchen wir nicht, sie mit einem Flyer zu finden?", schlug Gabriel zwei Wochen nach diesem unseligen Flug vor. „Bei Nachbars Hund hat das auch geklappt!"

„Ja, einen Hund steckt ja auch niemand einfach so ein!", widersprach ich deprimiert.

Mein Glaube an das Gute im Menschen hatte wirklich tüchtig gelitten.

Gabriel verbrachte trotzdem die halbe Nacht am Computer und bastelte einen Flyer mit einem Foto und einer detaillierten Beschreibung. Er druckte einen großen Stapel davon aus.

„Ich habe schon mit Isabella gesprochen. Sie verteilt die Flyer morgen im Süden der Stadt, ich nehme einen Packen mit ins Büro und du wirst sie an der Uni auslegen!", beschloss er. Gesagt, getan, auch wenn sich meine Hoffnung in Grenzen hielt.

Drei Tage später jedoch rief mich Gabriel aufgeregt zwischen zwei Vorlesungen an.

„Manuela, du musst ins Fundbüro gehen!", verlangte er. „Eine der Mitarbeiterinnen meint, deine Brosche wäre dort. Sie hat sie auf dem Flyer erkannt, den sie zufällig in die Hände bekommen hat und rief eben an."

Ich stürzte sofort los. Mit dem Flyer im Gepäck und jeder Menge Familienfotos, auf denen sowohl ich als auch Hannas Brosche gut zu erkennen waren. Gabriel hatte sie für die Erstellung des Flyers herausgesucht und sie mir in die Tasche gepackt.

„Damit du im Fall der Fälle auch beweisen kannst, dass es deine ist!", begründete er den Aufwand. Nun war ich heilfroh über seine Fürsorglichkeit, denn so konnte ich sie gleich vorlegen.

„Ja, ich glaube sie ist hier!", bestätigte mir die Mitarbeiterin nach einem kurzen Blick. „Ein ausgesprochen schönes Teil. Warten Sie, ich hole sie, dann vergleichen wir noch einmal!"

Zu meiner großen Überraschung kam sie wenig später wirklich mit Hannas Brosche zurück.

„Aber ich hatte doch gleich angerufen!", stotterte ich bestürzt und hielt mein Schmuckstück ganz fest. Die Mitarbeiterin sah mich irritiert an.

„Das ist aber merkwürdig", sagte sie. „Die Brosche wurde nämlich schon vor einiger Zeit hier abgegeben. Noch ein paar Tage und die Aufbewahrungsfrist wäre abgelaufen, dann hätten wir sie dem Finder ausgehändigt."

Nun war ich erst recht sprachlos. „Aber ich könnte schwören, dass ich sie in München noch hatte!", flüsterte ich fassungslos. „Wie hätte ich denn sonst den Vortrag halten können?"

Dieses Rätsel konnten wir bis heute nicht lösen. Ich muss sie schon Wochen zuvor verloren haben, irgendwo in der Stadt. Und ein ehrlicher Mann hatte sie gefunden und nicht behalten oder seiner Frau geschenkt, sondern sie abgegeben. Selbstverständlich zahlten wir ihm den ihm zustehenden Finderlohn, gern sogar. Denn diesem Mann verdanke ich es, dass mein Glaube an das Gute im Menschen wieder ein ganzes Stück zugenommen hat.

Gabriel brachte die Sache auf den Punkt, indem er feststellte: „Mamas Liebe wird dich immer begleiten, egal, ob du die Brosche trägst oder nicht! Und sie hat immer geglaubt, dass die Welt grundsätzlich gut ist. Glaub mir, Schatz, sie hatte recht damit!"

Mein Leben am seidenen Faden

$\mathcal{E}$s war einer jener Tage, an denen schon vor dem Aufstehen klar war, dass sie nicht gut werden würden. Ein Augenaufschlag reichte, um meine Stimmung zu erfühlen. Nein, das war wirklich kein guter Tag. Draußen war es neblig, ein ganz typischer Novembermorgen, ein Tag, den ich nicht überleben wollte.

Sechs Monate hatte ich mein Bestes gegeben, hatte mich zusammengerissen und versucht, stark und tapfer zu sein. Doch nun wusste ich nicht mehr, woher ich diese Stärke noch nehmen sollte. Was war passiert? Vor sechs Monaten war mein Zwillingsbruder Tom gemeinsam mit meinen Eltern bei einem entsetzlichen Autounfall gestorben. Ein Unfall, wie er vermutlich jeden Tag ein halbes Dutzend Mal passiert, bei dem eben Menschen sterben, nur traf es dieses Mal meine Familie. Es gab nicht einmal einen Schuldigen, den ich hätte verantwortlich machen und an dem ich hätte meinen Schmerz auslassen können; Materialermüdung des rechten Vorderreifens, er war einfach geplatzt. Bei Tempo einhundertzwanzig auf der Autobahn. Tom war noch nicht einmal zu schnell gefahren.

„Zum Glück ist nicht noch ein weiteres Auto in den Unfall mit hineingezogen worden!", meinten viele bei der Beerdigung erleichtert. Mich konnte das nicht beruhigen, da war ich ganz ehrlich. Meine Familie war tot, ich brauchte sie doch aber noch! Ich war doch erst achtzehn Jahre alt, hatte gerade Abitur gemacht! Tom und ich hätten unser Leben noch vor uns gehabt, nun blieb ich zurück. Als Vollwaise und ohne meine andere Hälfte. Es war einfach nur grauenhaft. Nein, so wollte ich nicht mehr leben, beschloss ich. Die Beerdigung zu organisieren war eine Mammut-Aufgabe gewesen, ich hatte mich um Versicherungen und so weiter kümmern müssen, ganz allein. Zum Glück konnte ich im Haus bleiben, aber war das wirklich ein Glück? In jeder Ecke schlummerte die Erinnerung.

„Gibt es denn keine anderen Angehörigen, die dich jetzt unterstützen könnten?", fragte unser Pfarrer, als er mich kurz nach der Beisetzung aufsuchte. Ich schüttelte den Kopf. Papa war aus Äthiopien eingewandert, Mamas Familie hatte sich von ihr abgewandt, weil sie „diesen Ausländer" geheiratet hatte. Und irgendwann hatte ich einmal gehört, dass ihre Eltern gestorben waren.

„Nein, da ist niemand. Es sei denn, ich begebe mich in Afrika auf Spurensuche, doch ob mir die Verwandten, die ich dort möglicherweise finde, helfen können, wage ich zu bezweifeln!"

Ich war realistisch genug, das einschätzen zu können. Mein Vater hatte nie einen Hehl daraus gemacht, dass er seinen afrikanischen Wurzeln keine besondere Bedeutung zumaß. Er fühlte sich hier in Thüringen zu Hause, er war längst deutscher Staatsbürger und nach Äthiopien war er nie zurückgekehrt. Auch mich hatte es nie dorthin gezogen. Andere suchten nach ihren Wurzeln, mich hat das nie interessiert.

An diesem grauen Novembertag wollte ich mit all dem Schluss machen. Ich zog mich an, gönnte mir einen großen Milchkaffee, nur Hunger hatte ich nicht. Dann lief ich los. Raus aus unserer Siedlung, über einen schmalen Pfad durch den kleinen Weiher und dann direkt Richtung Brücke über den Fluss. Ich hätte auch nach links weiterlaufen können zur Autobahnbrücke, das wäre vielleicht noch sicherer – erst fallen, dann noch überfahren werden – aber ich wollte niemandem zumuten, sich wegen mir vielleicht noch Vorwürfe zu machen. Dann lieber der Fluss. Schon in meiner Kindheit fand ich die Stelle unheimlich, aber auch spannend.

„Hier wurden im Mittelalter die Frauen ertränkt, die dem sogenannten Hexentest unterworfen wurden!", hatte Mama mir erklärt. Ich fand die Geschichten damals gruselig. Noch heute klang ihr helles Lachen in meinen Ohren. Sie hatte sich immer herrlich darüber amüsiert, wie ernst ich ihre Erzählungen nahm.

„Süße, es ist vorbei, wir leben nicht mehr im Mittelalter. Heute wird niemand mehr ertränkt!", hatte sie mir erklärt. Und ich hatte mich an sie gekuschelt und ihr jedes Wort geglaubt. Nun war sie tot und ich ganz allein. Deshalb war ich hier.

Ich brauchte nicht lange, um eine Stelle auf der Brücke zu finden, an der ich gut auf das Geländer steigen konnte. Schwindelfrei war ich nicht, aber spielte das noch eine Rolle? Gerade als ich versuchte, mir darüber klar zu werden, klingelte mein Telefon. Wer störte mich denn ausgerechnet jetzt? Ich rang eine Weile mit mir, ob ich rangehen sollte oder nicht, irgendwann drückte ich dann doch auf die Taste mit dem kleinen grünen Hörer. Wer auch immer es war, ich kannte die angezeigte Nummer nämlich nicht, war ausgesprochen hartnäckig.

„Magdalena?", hörte ich jemanden fragen.

„Herr Pfarrer?", fragte ich überrascht zurück.

„Ja, ich bin's. Dass ihr euch aber auch heutzutage alle nicht mehr mit eurem Namen melden könnt! Magdalena, du musst unbedingt so schnell wie möglich vorbeikommen! Ich habe nämlich eine ganz großartige Neuigkeit für dich!"

„Also, das passt gerade schlecht!", wandte ich ein und warf einen Blick übers Geländer.

„Das ist egal, bitte, Kind, du musst einfach herkommen. Am

besten gleich! Ich bin mir ganz sicher, dass du dich freuen wirst!", wischte er meinen Einwand vom Tisch. So war er schon immer gewesen, unser Pfarrer. Als ich noch ein kleines Mädchen war, hatte er auf die gleiche Weise dafür gesorgt, dass ich trotz meiner panischen Angst vor tropfenden Kerzen beim Krippenspiel einen Weihnachtsengel gespielt hatte. Nun merkte ich, wie ich ihm einfach nichts abschlagen konnte.

„Na gut!", sagte ich zu. „Ich komme vorbei, aber ich kann nicht lange bleiben!", setzte ich hinzu. Am Abend, so meine Überlegung, konnte ich mein Vorhaben immer noch zu Ende führen. Überhaupt, vielleicht war es abends sogar noch besser, da würde man mich erst am nächsten Tag vermissen. Eine gute Idee, beschloss ich und machte mich auf den Weg zum Pfarrhaus. Neugierig war ich ja schon irgendwie. Die dicke Pfarrhauskatze putzte sich im Vorgarten gerade die Pfötchen und miaute mir zu.

„Magdalena!", empfing mich unser Pfarrer. „Schön, dass du da bist. Sieh doch mal, wer hier ist!"

Er trat bei Seite und mich traf fast der Schlag.

„Mama?", hauchte ich, wohlwissend, dass die Frau, die hinter ihm zum Vorschein kam, keinesfalls meine Mutter sein konnte. Die hatte ich nämlich selber identifizieren müssen, vor sechs Monaten, in der Gerichtsmedizin. Außerdem, so fiel mir auf den zweiten Blick auf, trug sie ihre Haare länger.

„Nein, Magdalena, ich bin nicht deine Mutter. Ich bin Sarah, deine Tante. Pfarrer Bäumler hat Kontakt zu mir aufgenommen, nachdem er mitbekommen hat, dass du jetzt ganz allein dastehst. Und als Zwillingsschwester deiner Mutter bin ich garantiert mit dir verwandt!"

Sie sprach schnell und sie sprach leise. Jedes Wort saß, trotzdem spürte ich ihre Unsicherheit.

„Ich weiß, was es bedeutet, seinen Zwilling zu verlieren!", sagte sie und zog mich in ihre Arme. „Ich habe Mara verloren, als sie ausgezogen ist. Und zwar wegen einer einzigen dummen Bemerkung. Wie leid mir das heute tut, kann ich ihr nicht mehr sagen, aber ich habe immer gehofft, dass wir uns eines Tages wieder versöhnen. Dass ihre Zeit so schnell abgelaufen war, damit hätte ich nie gerechnet!"

Ich spürte, wie mir die Tränen über die Wangen liefen, und ich sah auch in Sarahs Augen, dass sie es ehrlich meinte. Auch wenn ich sie nicht kannte, spürte ich einfach, dass sie aufrichtig war. Unser Pfarrer nötigte uns noch eine Tasse Tee auf, bevor er mir dringend riet, Sarahs Hilfe anzunehmen.

„Du bist noch so jung, Magdalena, du hast alles noch vor dir. Dass Tom diese Chance nicht bekam, ist nicht deine Schuld. Aber glaub mir, deine Eltern und dein Bruder würden nicht wollen, dass du dich aufgibst oder dein Leben nicht lebst!"

Ahnte er etwas? Ich forschte in seinen gütigen braunen Augen, doch ich erkannte nichts.

„Auch wenn es nach einer Phrase klingt, mein Kind, vergiss nie, dass Gott dich in keiner Situation allein lässt!", ermahnte er mich.

Zusammen mit meiner Tante machte ich mich auf den Heimweg. Ich war nicht mehr allein auf der Welt. Noch konnte ich das nicht fassen, aber wenn ich Sarah ansah, fühlte ich mich besser. Und das alleine ändert alles. Ja, ich werde mein Leben leben. Für Tom. Für meine Eltern. Vor allem aber für mich.

Mein tierischer Retter

Zu Hunden hatte ich schon immer ein sehr spezielles Verhältnis. Vielleicht lag es daran, dass ich als Kind eine äußerst unangenehme Begegnung mit einem Rottweiler hatte, an die ich mich zwar nicht selbst erinnerte, die aber in meiner Familie immer wieder Thema war. Noch heute habe ich eine Narbe von diesem Zwischenfall an meinem linken Oberarm. Und angeblich war ich an dem Vorfall selbst schuld, da ich wohl zu ungestüm auf das Tier zu gerannt sein soll. Jedenfalls unternahm ich Zeit meines Lebens alles, um diesen Tieren aus dem Weg zu gehen, wann immer ich konnte.

Seit zweiunddreißig Jahren führte ich nun schon unserem Pfarrer den Haushalt, vielmehr waren es neun verschiedene gewesen in all den Jahren, aber jeder war auf seine ganz spezielle Art mein Lieblingspfarrer. Selbst Pfarrer Reuter, mit seinen vierunddreißig Jahren noch ein sehr junger Mann, war mir schon nach kurzer Zeit ans Herz gewachsen. Er hatte viele gute Eigenschaften und eine davon war seine Tierliebe. Leider war die Hunden gegenüber besonders ausgeprägt.

„Sie sind die besten Freunde des Menschen!", predigte er mir oft genug.

Dagegen sagte ich auch nichts, nur meine Freunde waren sie halt nicht. Er schien das auch zu akzeptieren, zumindest dachte ich das, doch dann schleppte er diesen Mischling an, den jemand ausgesetzt hatte. Da war es allerdings vorbei mit meiner Geduld.

„Das Tier oder ich!", forderte ich energisch und in der festen Überzeugung, dass er sich seine Antwort gut überlegen würde. Er war auch sichtlich hin und her gerissen, entschied sich dann allerdings für einen Kompromiss. Und redete mit Engelszungen auf mich ein.

„Sie werden Oskar überhaupt nicht bemerken!", versprach er mir. „Ich gehe mit ihm Gassi, und zu meinen Terminen nehme ich ihn einfach mit. Und wenn das wirklich einmal nicht möglich ist, bleibt er oben in meinen Räumen!", warb er um mein Verständnis. Und er appellierte an mein Mitgefühl. „Er ist doch ganz allein auf dieser Welt, Elsa, das sehen Sie doch ein! Eine so gute Seele wie Sie würde nie jemanden vor die Tür setzen! Nicht mal einen Hund!"

Dabei sah er mich so treuherzig an, dass ich versprach, es auf einen Versuch ankommen zu lassen.

„Er beißt garantiert nicht! Diese Rasse ist für ihre Freundlichkeit bekannt!", schwärmte mein Pfarrer von seinem neuen besten Freund, während ich mich fragte, von welcher Rasse er eigentlich sprach! Dieser Hund war im wahrsten Sinne des Wortes ein Mischling, da konnte selbst unser Tierarzt keine bestimmte Rasse ausmachen.

„Eine Promenadenmischung wie sie im Buche steht!", lautete sein Urteil.

Immerhin gab mein Pfarrer sich wirklich alle Mühe, mir das liebe Tierchen vom Hals zu halten. Allein Oskar war lebhaft genug, ihm zu entwischen und immer dann, wenn ich nicht mit ihm rechnete, aufzutauchen. Meist reichte es, wenn ich mich bedrohlich vor ihm aufbaute, dann kniff er den Schwanz ein und verzog sich wieder. Auch wenn er nicht ideal war, arrangierte ich mich mit dem Zustand.

Eines Sonntags, ich war gerade dabei, mich mit dem Sonntagsbraten zu beschäftigen, tauchte der Schlingel wieder auf. Ich konnte ihn gerade noch davon abhalten, auf den Tisch zu springen und sich an dem Fleisch zu vergreifen.

„Weg mit dir, du böser Hund!", schrie ich aufgebracht. „Los, weg mit dir! Das ist nicht für dich!"

„Oskar, komm!", eilte mein Pfarrer mir zu Hilfe. Mit Mantel und Tasche unter dem Arm und ohne Hundeleine

„Ich muss ihn leider hier lassen! Denn ich will ins Krankenhaus. In einer Stunde bin ich allerdings zurück!", verkündete er und erntete dafür sowohl von mir, als auch von Oskar wenig Begeisterung.

„Ich bringe ihn hoch!", versprach er mir noch und ich stellte den Braten erst einmal beiseite. Eine Stunde bedeutete bei meinem Pfarrer in der Regel mindestens drei. Damit konnte der Braten noch warten.

Kaum war der Pfarrer aus dem Haus, machte ich es mir in meinem Zimmer gemütlich, welches direkt neben der Küche liegt. Oben hörte ich Oskar jaulen, dem das Eingesperrtsein offensichtlich sehr missfiel. Ich döste ein bisschen vor mich hin und registrierte den merkwürdigen Geruch, der irgendwann an meine Nase drang, nur am Rande. Oskar über mir wurde jedoch immer wilder. Er tobte und bellte, es war kaum auszuhalten. Er schien ständig gegen die Tür zu springen und bald darauf hatte er sein Ziel wohl erreicht, die flog mit einem lauten Krachen auf. Er tobte durchs Haus und blieb jaulend vor meiner Zimmertür stehen. Inzwischen war ich jedoch so müde geworden, dass ich das nur noch unterbewusst registrierte. Erst, als er hechelnd neben mir stand und an mir herum zerrte, war ich wieder hellwach. Vor lauter Angst tat ich das, was man bei Hunden wohl niemals tun sollte, ich lief weg. Ganz schnell raus aus meinem Zimmer und als ich sah, dass Oskar mir folgte, auch raus aus dem Pfarrhaus. Draußen atmete ich erst einmal tief durch, die Jüngste war ich ja schließlich auch nicht mehr. Oskar hatte sich ein wenig beruhigt, knurrte aber aus sicherer Entfernung das Pfarrhaus an. Plötzlich roch ich es auch: Gas!

In weniger als einer Viertelstunde war die Feuerwehr vor Ort und das halbe Dorf hatte sich versammelt. Zum Glück war kein größerer Schaden entstanden, ich hatte wohl nur vergessen, den Gashahn wieder abzudrehen, als ich den Braten auf später verschob.

Mein Pfarrer streichelte Oskar und hakte mich unter. „Kommen Sie, auf den Schreck gönnen wir uns erst mal etwas Leckeres. Die Bäckerei drüben hat herrlichen Kuchen!"

Doch ich lehnte mit Blick auf meinen Lebensretter dankend ab. „Nein, dort darf Oskar nicht mit hinein. Und angesichts seiner Heldentat hat er sich auch eine Leckerei verdient!"

Erst als ich den erstaunten Blick meines Pfarrers bemerkte, registrierte ich, dass ich die ganze Zeit dabei war, Oskar über den Kopf zu streicheln. Dieser Schlingel hatte doch tatsächlich mein Herz erobert!

„Er hat mir das Leben gerettet!", rechtfertigte ich mich etwas unbeholfen. „Auch wenn der Ihre Tür oben wohl demoliert hat!"

„Die lässt sich ersetzen!", winkte mein Pfarrer ab. „Sie jedoch nicht, meine Liebe! Und Oskar auch nicht!"

Ehrensache, dass Oskar nun nicht mehr eingesperrt wird, wenn unser Pfarrer das Haus verlässt. Wir beide sind nämlich inzwischen richtig gute Freunde geworden. Wer hätte das gedacht!

Schwere Entscheidung

Ich verließ die Praxis meines Frauenarztes und mir hämmerte nur ein Wort in den Ohren: behindert! Ich war gerade im fünften Monat schwanger, endlich, nach sieben Jahren, in denen Roland und ich versucht hatten, ein Baby zu bekommen. Und nun stellte ein Wort alles in Frage.

„Ich weiß, dass das jetzt ein Schock für Sie ist, aber Sie haben Optionen!", hatte mein Frauenarzt gesagt. „Es ist heutzutage nicht mehr nötig, ein solches Kind zu bekommen!" Der Rest war irgendwie an mir vorbei gerauscht.

Irgendwie fand ich den Weg nach Hause, trotz meines umnebelten Verstandes und der vielen Tränen. Trisomie 21 hieß die Krankheit, die man bei meinem Baby vermutete. Nach dem Geschlecht hatte der Arzt gar nicht mehr geschaut.

„Das ist jetzt wohl erst einmal unwichtig!", hatte er gemeint. Ja, irgendwie war es das wohl auch. Die Schwester hatte mir noch einen ganzen Berg Papiere in die Hand gedrückt, dann war ich aus der Praxis geflohen. Doch nun, zu Hause, fühlte ich mich auch nicht besser. Vor seinem Schicksal kann eben niemand davon laufen. Bilder schossen mir durch den Kopf. Von Hendrik, meinem zweijährigen Neffen. Wie er putzmunter, mopsfidel und kerngesund unsere Wohnung unsicher machte. Ich dachte an den Jungen aus der berühmten Fernsehserie, die jeden Sonntag lief. Wollte ich so ein Kind? Würden Roland und ich das schaffen? Und wollen? Auch so ein Kind würde groß werden. Wie sollte es dann leben? Allein? Oder würde ich mich für den Rest meines Lebens kümmern müssen?

„Was hat der Arzt genau gesagt?", fragte Roland als ich ihm

alles erzählte. „Hat er gesagt, dass das Kind auf jeden Fall behindert sein wird oder vermutet er das nur? Bitte, Schatz, erinnere dich!"

Ich sah den Schmerz in seinen Augen. Und sein Entsetzen. Es war, als würde er all das spiegeln, was ich fühlte.

„Ich weiß es nicht!", schluchzte ich. „Ich glaube, er hat gesagt, dass es höchstwahrscheinlich so ist. Aber ich glaube, er ist sich ziemlich sicher. Er hat mir die Adresse von einem Spezialisten gegeben, der macht dann weitere Untersuchungen. Und von so einer Stelle, die Beratungen macht."

In meinem Kopf herrschte ein vollständiges Durcheinander.

„Wir gehen da am Montag zusammen hin!", erklärte er mir. „Blöd, dass jetzt auch noch das Wochenende dazwischen ist. Aber da können wir nichts ausrichten, also sollten wir das Problem vertagen!"

Was bei anderen Sachen vielleicht funktioniert, klappte in dem Fall gar nicht. Denn ich weinte die ganze Zeit. Irgendwann lagen auch Rolands Nerven blank.

„Hör mal, das muss doch alles nicht sein, vielleicht irrt er sich auch oder ist sich gar nicht so sicher, wie er tut!", beschwor er mich. „Hab Vertrauen, Liebling!"

Vertrauen! Das klang wie Hohn in meinen Ohren. Das einzige, was ich wirklich hatte, war Angst. Natürlich blieb das auch der Familie nicht verborgen, denn ich hatte sowohl meinen Eltern als auch meiner Schwester von dem Arzttermin erzählt. Alle hofften nun auf die Nachricht, was es denn werden würde. Stattdessen bekamen sie die Hiobsbotschaft gleich am Telefon präsentiert. Keine Frage, dass sich alle sofort auf den Weg machten.

„Ihr dürft jetzt nicht die Nerven verlieren!", riet meine Mutter. „Gott bürdet niemandem mehr auf, als er tragen kann!" Mamas Gottvertrauen in allen Ehren und normalerweise war ich auch geneigt, ihr recht zu geben, aber in dem Fall?

„Ich weiß aber nicht, ob ich das will!", weinte ich.

Papa hingegen teilte meine Bedenken. „Ein Kind heutzutage großzuziehen, ist schon per se eine Herausforderung. Aber behinderte Menschen haben in unserer Gesellschaft ja erst recht keine Lobby!", gab er zu bedenken. Mama quittierte das prompt mit einem harschen Fußtritt. „Mach das Kind doch jetzt nicht verrückt!", rügte sie ihn.

„Es gibt kein Recht auf ein gesundes Kind!", mischte sich nun auch meine Schwester ein und ich sah, wie sich ihre Augen mit Tränen füllten. Sie konnte wohl noch am ehesten verstehen, wie ich mich fühlte, deshalb flüchtete ich mich in ihre Arme.

„Weißt du, als das damals mit Friederike passiert ist, das hat sich überhaupt nicht angekündigt! Es war ein Schock, und ist es noch!"

Wie immer sagte sie nicht mehr zu dem Thema. Der Schmerz saß auch nach sieben Jahren noch tief. Damals hatte sie ihre Tochter im neunten Monat verloren. Sie starb einfach so im Mutterleib, ohne dass man dafür einen Grund benennen konnte. Ihre Ängste, als sie mit Hendrik schwanger war, mussten unvorstellbar gewesen sein.

„Es muss nicht schlecht ausgehen, Marie!", beschwor sie mich. „Ich weiß, dass du gegen Abtreibung bist. Also ändere jetzt nicht deine Meinung, nur weil es dich selbst betrifft. Es gibt für alles eine Lösung! Es ist dein Baby, in jedem Fall. Und so wie es ist, ist es perfekt!"

Wir redeten viel, das ganze Wochenende. Und obwohl der Arzt von „Optionen" gesprochen hatte, war uns allen klar, dass wir eigentlich keine hatten. Ich war schwanger und es sah so aus, als ob unser Kind nicht so sein würde, wie andere Kinder. Doch sich damit abzufinden, erschien mir fast unmöglich.

Am Montag darauf ging ich mit Roland noch einmal zu meinem Frauenarzt. Der Termin war kurz, weil mein sonst so ruhiger Mann die Fassung verlor und den Arzt, der nicht verstehen konnte, dass Roland und ich keine genaueren Untersuchungen wünschten, in Grund und Boden brüllte.

„Da gehst du nicht mehr hin!", war sein Resümee aus diesem Termin. Und in den folgenden beiden Tagen tat er etwas, was ich von ihm nie erwartet hätte: Er suchte mir selbst einen neuen Arzt. Er, der gestandene Handwerker, der sich für Frauenthemen ungefähr so viel interessierte wie ich mich für die neuste Motorengeneration, klapperte diverse Frauenarztpraxen ab und stellten den Ärzten Fragen. Dann traf er seine Entscheidung und begleitete mich zu dem Termin. Als ich die von ihm ausgesuchte Ärztin das erste Mal traf, war ich sehr überrascht, sie war ausgesprochen jung. Doch sie akzeptierte unsere Meinung, redete uns nicht rein und bemühte sich wirklich sehr, herauszufinden, ob wir ein Mädchen oder einen Jungen bekommen würden.

„Tut mir leid, Ihr Baby will es nicht verraten!", erklärte sie mir schmunzelnd bei der letzten Ultraschalluntersuchung. „Alle Werte sind ganz normal. Und beim Rest müssen Sie sich einfach überraschen lassen! Aber Sie schaffen das!", machte sie mir Mut. Auch wenn Roland mir unerschütterlich predigte, dass immer noch alles gut werden konnte, informierte ich mich über das, was unserem Baby drohte. Ich las ein halbes Dutzend Bücher und chattete in Internetforen. Die Meinungen waren dort überall recht eindeutig. Auch wenn es nicht einfach war, mit einem derartig eingeschränkten Kind zu leben, so war es doch kein Weltuntergang, im Gegenteil.

„So viel Liebe, wie ich von meiner Tochter zurückbekomme, habe ich von meinen drei gesunden Kindern nicht erhalten!", schrieb dort eine Frau. Doch natürlich gab es auch die anderen, die von Beleidigungen im Alltag und dem Ärger mit Behörden und Ämtern zu berichten hatten. Aber auf einen negativen Eintrag folgten mindestens drei positive. Ich hangelte mich von Woche zu Woche und hoffte und betete. Mehr konnte ich nicht tun. Als es dann endlich so weit war und ich nach über zwanzig Stunden in den Wehen meinen Sohn endlich im Arm hielt, war das erste, was ich von ihm sah, ein herzhaftes Gähnen.

„Also, müde sind ja eigentlich wir!", stellte Roland erschöpft fest. Er war keine Sekunde von meiner Seite gewichen. Ein Sohn war sein Herzenswunsch, das wusste ich. Auch wenn er das nie zugegeben hätte. Erst auf den zweiten Blick stellte ich fest, dass unser Finn ganz normal aussah.

„Wann wissen Sie, ob er gesund ist?", hörte ich Roland den Arzt fragen.

„Rein äußerlich ist nichts zu sehen, aber wir untersuchen ihn genauer. Ich denke, in den nächsten Tagen haben Sie Gewissheit!"

Diese Gewissheit bekamen wir dann auch – Finn war kerngesund. Und mit fast sieben Pfund ein äußerst properes Bürschchen.

„Ich habe doch gesagt, dass du Vertrauen haben musst, Schatz!", sagte Roland, als wir unseren kleinen Schatz nach Hause mitnahmen. Ja, hinterher hat man immer gut reden.

Heute bin ich froh, dass ich niemals daran gedacht habe, mögliche „Optionen" für mich in Anspruch zu nehmen. Ich will nicht sagen, dass diese falsch sind, aber für mich waren sie eben keine. Ich liebe meinen Sohn. Finn ist die Krönung unserer Liebe. Und das wäre er in jedem Fall gewesen.

Familienbande

Als meine Eltern bei einem Autounfall starben, änderte sich mein Leben von Grund auf. Die Nachricht war ein Schock und die Beerdigung der reinste Albtraum. Als Einzelkind war ich plötzlich ganz auf mich allein gestellt mit all den Vorbereitungen und Besorgungen. Am schlimmsten war es jedoch, mein Elternhaus auszuräumen! Doch ich konnte das natürlich nicht ewig aufschieben.

Als ich mit dem festen Willen, zwei Monate nach der Beisetzung damit endlich zu beginnen, durchs Haus schlich, erdrückte mich mein schlechtes Gewissen fast. Ich war früh ausgezogen, zum Studium sogar ins Ausland gegangen, doch nie hätte ich geahnt, dass uns so wenig Zeit bleiben würde.

„Wenn ich erst mal meinen Doktor habe, dann ...", hatte ich ihnen oft vorgeschwärmt. Dann wollte ich sie öfter besuchen, dann wollte ich endlich mit ihnen wieder einmal an die Ostsee fahren, dann hätte ich sicher mehr Zeit für Telefonate. Doch zu diesem „dann" kam es nie. Wir hatten es immer aufgeschoben – nun war es zu spät. Und mit dieser Einsicht kamen die Zweifel. Ich hatte meine Eltern geliebt, aber hatte ich ihnen das auch oft genug gesagt?

Während mich die Zweifel trieben, wurde in jedem Zimmer klar, dass meine Eltern in mir immer viel mehr sahen, als „nur" die einzige Tochter. Ich war ihr Leben, zumindest schien es mir so, angesichts dessen, was sie alles aufbewahrt hatten. Da waren winzige Handabdrücke von mir in Gips oder die ersten krakeligen Zeichnungen aus dem Kindergarten. Jeden Leistungstest aus der Schule hatten sie aufbewahrt, wie ich kopfschüttelnd feststellte. Ich wühlte mich durch sämtliche Räume – und fand in einem kleinen Schränkchen im Wohnzimmer etwas, womit ich nie gerechnet hatte: Adoptionspapiere!

Es dauerte eine Weile bis mir klar wurde, dass es dabei um mich ging. Ich war adoptiert? Warum hatten mir meine Eltern nur nie davon erzählt? Nie wäre ich von selbst darauf gekommen, nicht ihr leibliches Kind zu sein! Ich wusste nicht, was ich davon halten sollte, fühlte mich irgendwie um die Wahrheit betrogen, bis mir aufging, dass sie vielleicht einfach nicht wussten, wie sie es mir hätten sagen sollen. Eine Antwort, warum und weshalb, würde ich von ihnen nie mehr bekommen können, also musste ich es wohl einfach akzeptieren. Dennoch war meine Neugier nun geweckt. Die Vorstellung, dass meine leiblichen Eltern noch lebten, war merkwürdig, ich musste der Sache einfach auf den Grund gehen. Deshalb nahm ich ein paar Tage später mit dem Jugendamt Kontakt auf. Dort erlebte ich die nächste Überraschung: ein Brief lag für mich bereit.

„Ihre leibliche Mutter hat den für Sie hier hinterlegt, für den Fall, dass Sie irgendwann einmal nachfragen oder sie finden möchten!", erklärte mir die freundliche Mitarbeiterin und drückte mir einen Umschlag in die Hand. „Vielleicht beantwortet der ja auch all Ihre Fragen schon!"

Ich ersparte ihr und mir weitere Erklärungen. Was ging es sie auch an, dass ich noch mit mir rang, wie ich mit dieser Information überhaupt umgehen sollte?

Stundenlang hockte ich im Wohnzimmer meiner Eltern, in meine eigene Wohnung nach Berlin wollte ich am liebsten gar nicht zurück.

„Warum?", flüsterte ich, wann immer ich an einem Bild von den beiden vorbei lief. „Warum habt ihr nur nie mit mir darüber gesprochen?"

Ich fand keine Antwort darauf. Auch keinen Brief in den Unterlagen oder irgendeine andere Erklärung. Es war, als hätten sie diese Tatsache einfach vergessen. Oder verdrängt?

Entschlossen öffnete ich den Brief, den ich vom Jugendamt bekommen hatte. Die leicht schräge Schreibschrift ähnelte meiner eigenen, das sah ich auf den ersten Blick. Schnell legte ich den Brief beiseite. Wollte ich das wirklich? Wollte ich wissen, was jemanden veranlasste, sein eigenes Kind wegzugeben? Mich wegzugeben? Ich brauchte ein paar Tage, bis ich die Antwort darauf fand. Sie lautete: Ja, ich wollte es wissen. Wenn ich schon nicht erfahren würde, was meine Eltern bewegt hatte, mich zu adoptieren und mir das nicht zu erzählen, dann wollte ich wenigstens wissen, warum ich weggegeben wurde. Ich war also alles andere als offen und vorurteilsfrei, doch die Geschichte, die ich las, trieb mir die Tränen in die Augen und irgendwie war es ja auch der Klassiker: viel zu jung schwanger geworden, ohne Ausbildung, ohne Unterstützung und der Ehemann auf einer Reise in den Himalaja verschollen. Sie schilderte alles recht nüchtern, bat um Entschuldigung und versicherte mir, dass sie nie aufgehört hat, mich zu lieben. Ich war tief bewegt. Darunter standen eine Telefonnummer und eine Adresse und die dringende Bitte, ich möge mich melden.

„Du wirst es nicht bereuen, mein Kind", schrieb diese fremde Frau, der ich mich nicht wirklich verbunden fühlte. Aber vielleicht würde das ja noch kommen? Ich war vierundzwanzig und ich war ganz allein auf der Welt. Zu der Zeit hatte diese Frau mich längst bekommen, sie war damals gerade neunzehn gewesen! Und auch sie hatte sich sicher oft allein gefühlt, sonst hätte sie so eine Entscheidung nicht treffen können, redete ich mir ein.

Irgendwann griff ich zum Telefon. Wie durch ein Wunder war

die Nummer noch aktuell, obwohl sie den Brief schon vor mehr als zehn Jahren beim Jugendamt deponiert hatte. Ein Zeichen?

„Hallo?", fragte ich leise in den Hörer hinein. „Hier ist Carolin, ich meine, ich bin…"

Ich musste gar nicht mehr sagen, sie wusste es einfach.

„Du bist meine Tochter!", sagte diese mit ebenfalls leiser, aber sehr warme Stimme. „Ich habe so lange auf deinen Anruf gewartet!"

Natürlich blieb es nicht bei diesem einen Anruf. Ich konnte der Versuchung einfach nicht widerstehen, sie persönlich zu treffen. Auch sie hatte es inzwischen nach Berlin verschlagen. Was sie mir dann erzählte, ließ mich erschaudern.

„Kurz vor deiner Geburt war dein Vater verschollen. Diese eine Reise noch, er war Reiseschriftsteller, die wollte er noch machen, bevor er sich hier einen anständigen Beruf suchen und für uns sorgen wollte. Doch von dieser Reise kam er nicht zurück. Ich war kaum erwachsen und voller Angst und Sorge. Ich hatte keine schöne Kindheit, ohne Wärme und Liebe, dafür in materieller Not. Allein das wollte ich dir nicht zumuten. Dazu kam, ich konnte Thomas nicht vergessen, ihn nicht einfach abschreiben. Er war die Liebe meines Lebens! Dann lernte ich dieses nette Ehepaar kennen, auf Vermittlung eines Pfarrers, den ich von früher her kannte. Sie wünschten sich so sehr ein Kind, konnten aber keine bekommen! Sie versprachen, alles für dich zu tun und ich hatte wirklich das Gefühl, dass es das Beste für dich sein würde! Nie werde ich vergessen, wie sehnsüchtig sie auf meinen Bauch geschaut hatte!"

Verschämt wischte sie sich eine Träne ab. „Heute klingt das alles so belanglos, so, als hätte ich es in den Griff kriegen müssen!", flüsterte sie. „Aber ich hätte es nicht geschafft!"

Wir redeten lange. Sie hatte nie andere Kinder bekommen. Wir verstehen uns großartig und ich bin inzwischen sehr glücklich darüber, dass ich gleich zwei Mal mit solch einer wunderbaren Mutter gesegnet bin. Ich werde meine Adoptiveltern nie vergessen und es gibt rein gar nichts, was ich ihnen vorwerfen könnte. Und mit meiner biologischen Mutter werde ich mir eine gemeinsame Zukunft aufbauen – ohne immer alles auf später zu verschieben.

Eine üble Gegend

*B*evor ich zu der jährlichen Tagung unseres Ordens aufbrach, gab mir die Mutter Oberin noch einen wichtigen
Rat mit auf den Weg.

„Es gibt bestimmte Viertel, die sollte man in Berlin einfach mei-
den!", ermahnte sie mich, wohlwissend, dass ich diese Ausflü-
ge gern nutzte, um mir die Städte, die ich bereiste, anzusehen.

„Auch wenn es dir nicht gefällt, aber selbst bei Tageslicht ist es
heikel, in bestimmten Stadtteilen herumzulaufen. Denk nur an
den Überfall auf den Rabbi vor einigen Monaten! Selbst davor
schreckt man heutzutage nicht zurück. Und in deinem Ornat
bist du auch alles andere als unauffällig!"

Ich versprach, mir ihren Rat zu Herzen zu nehmen, muss aber
gestehen, dass ich die Stadtteile, die sie mir nannte, schon wieder vergessen hatte, bevor die Tür hinter mir ins Schloss gefallen war. Anders war es auch nicht zu erklären, dass ich völlig
unbeeindruckt von allen Vorurteilen in Berlin abends einfach
losspazierte. Selbstverständlich in meiner Ordenstracht, warum
hätte ich sie auch ablegen sollen. Ich marschierte am Reichstag
vorbei, der in der Dunkelheit herrlich vor sich hin strahlte, ging
dann kreuz und quer durch die belebten Straßen und war schon
bald in einer Gegend angekommen, in der es plötzlich recht anders aussah. Erst auf den zweiten Blick fiel mir auf, dass sich an
manchen Ecken junge Männer versammelt hatten, die mir ganz
offensichtlich seltsame Blick zuwarfen. Mein Vorhaben, in solch
einem Fall einfach ein Taxi anzuhalten, wurde allein dadurch
vereitelt, als dass hier kein Taxistand in der Nähe war. Auch sah
ich keins herumfahren. Nicht einmal mit Passagieren an Bord.

Die Straße vor mir wurde immer dunkler und plötzlich hörte ich Schritte hinter mir. Natürlich fielen mir augenblicklich die Worte meiner Mutter Oberin wieder ein und insgeheim schalt ich mich dafür, nicht besser zugehört zu haben. Aber dass die Welt inzwischen so verkommen sein sollte, dass üble Subjekte selbst vor einer Nonne nicht mehr haltmachten, hatte ich ja nicht glauben wollen. Ich war schließlich Ordensschwester aus Überzeugung, selbst wenn es für viele Freunde und Familienangehörige damals eine tüchtige Überraschung gewesen war, als ich verkündet hatte, mein Leben in den Dienst Gottes und meiner Mitmenschen zu stellen. Bereut habe ich diesen Schritt nie, denn die Freude, für Gott zu leben und für Menschen da sein zu können, gab mir alles, was ich brauchte.

Ich verdoppelte also mein Tempo in der Hoffnung, den Verfolger abschütteln zu können. Am liebsten wäre ich schnell davon gesprintet, doch wohin? Ich hatte mich heillos verlaufen und nicht die leiseste Vorstellung, wo ich hier gelandet sein könnte. In Kreuzberg vielleicht? Oder in dem Viertel, in dem der Rabbi zusammengeschlagen wurde? War das überhaupt Kreuzberg gewesen? Oder ganz woanders? Mir wurde ganz schlecht bei der Vorstellung, gleich ausgeraubt oder vielleicht sogar vergewaltigt zu werden. Die Schritte hinter mir passten sich dem Tempo an. Es schien mehr als eine Person zu sein, wie mir schnell klar wurde. Und sie riefen sich Worte in einer Sprache zu, die ich nicht gleich zuordnen konnte. Ich wollte gar nicht daran denken, dass es vielleicht eine Horde Jugendlicher war, die es sich zum Sport gemacht hatten, harmlose Seelen wie mich zu erschrecken oder zu überfallen. Am liebsten wäre ich stehengeblieben, um mich zu orientieren, doch das wagte ich nicht. Natürlich war auch kein Restaurant oder eine Telefonzelle in der Nähe, in die ich mich retten konnte. Die wenigen

Geschäfte, die ich links und rechts von mir ausmachte, waren längst geschlossen.

„Hey!", hörte ich hinter mir jemanden rufen. Eine junge Stimme, so viel war klar. Meinte sie mich? Klar, wen sonst! Mein Herz schlug bis zum Hals. Was hatte ich mir nur dabei gedacht? Während mir der Angstschweiß auf der Stirn stand, kamen die Schritte immer näher. Schneller konnte ich schon gar nicht mehr und sehr lange würde ich das Tempo auch nicht mehr durchhalten.

„Hallo, hey, stehenbleiben!", rief jemand. Jetzt passiert es, schoss es mir durch den Kopf.

Dann hörte ich sie rennen. Auf mich zu. Und dann waren sie plötzlich überall: neben mir, hinter mir, vor mir – ich hatte keine Chance mehr!

„Hey, bitte, stehenbleiben und keine Angst haben!"

Ein junger Mann, höchstens achtzehn Jahre alt, baute sich vor mir auf. Sein Basecap hatte er verkehrt herum auf dem Kopf, seine Kumpane trugen Kapuzenpullover. Wie brave Messdiener sahen sie wirklich nicht aus.

„Ich bin Achmed!", stellte er sich stockend vor. „Die Gegend hier ist gefährlich. Sie sollten hier nicht allein rumlaufen!"

Seine Begleiter, fünf an der Zahl, nickten bekräftigend.

„Sind Sie eine Nonne?", fragte der eine.

„Ja", gab ich mit zitternder Stimme zu.

„Und warum laufen Sie dann hier draußen rum?" Er war sichtlich überrascht. „Ich dachte, die leben irgendwo in einem Kloster und dürfen nicht raus! So wie im Gefängnis eben!"

Mein Herz klopfte immer noch, als ich ihm – fast schon routiniert – seine Frage beantwortete. „Wir sind doch nicht eingesperrt im Kloster!", erklärte ich ihm. Und auch, dass ich als Ordensschwester überall auf der Welt herumkam.

„Und dann rennen Sie nachts hier allein rum? Wow, Sie sind vielleicht mutig!", sagte der neugierige Frager. „Trotzdem, wir bringen Sie besser zu einem Taxistand, okay? Nicht, dass Ihnen hier noch etwas passiert!"

Es dauerte ein paar Augenblicke, bis mir klar wurde, dass die Jungs nicht vorhatten, mir etwas anzutun, sondern im Gegenteil um meine Sicherheit besorgt waren.

„Fast wie meine Mutter Oberin!", gab ich kichernd zu.

Die Jungs waren nun erst recht irritiert und bestürmten mich mit tausend Fragen. Auf dem Weg zum Taxistand machten wir deshalb noch in einem türkischen Café halt, denn meine Geschichten interessierten sie wirklich. Was macht eine Ordensschwester heutzutage und was erlebt man in Afrika wirklich – waren nur ein paar Beispiele. Und die wollten wir lieber in gemütlicher Atmosphäre besprechen. Es war schon fast vier Uhr morgens, als sie mich tatsächlich zu einem Taxi brachten und dem Fahrer baten: „Bringen Sie die Schwester bloß sicher in ihr Hotel!"

Ehrensache, dass ich versprach, derartige Abenteuer künftig besser zu unterlassen.

„Und falls Sie doch abends mal wieder Berlin unsicher machen wollen – hier ist meine Handynummer!", sagte Achmed zum Abschied und steckte mir einen Zettel zu.

Und auch wenn es meinen Vorgesetzten vielleicht nicht gefällt, ich habe mir jedenfalls ganz fest vorgenommen, beim nächsten Mal wieder hinaus ins Berliner Nachtleben zu marschieren. Doch dann vielleicht besser mit meinen jugendlichen Beschützern an der Seite.

Immer der Nase nach

Dass man sich auch nach dreißig Ehejahren noch trefflich über Lappalien in die Haare bekommen kann, davon können mein Mann und ich ein Lied singen. An einem herrlichen Sommersamstag unternahmen wir eine Spritztour. Als Pfarrer war Georg stark eingespannt und an den wenigen freien Tagen, die er sich gönnte, wollte ich ihn für mich haben. Er war von meiner Idee allerdings erst einmal nicht begeistert.

„Wollen wir nicht lieber zu Hause bleiben?", fragte er. „Ich könnte den Rasen mähen und du kochst uns nachher etwas Schönes! Am liebsten wäre mir dein Kartoffelsalat!"

„Auf keinen Fall!", lehnte ich kategorisch ab. „Dann klingelt das Telefon und schon ist es aus mit unserer Ruhe! So ein netter Tag im Harz ist dagegen genau das Richtige für uns! Und ehe du protestierst – ich habe Kartoffelsalat gemacht, Würstchen nehmen wir auch mit und dann können wir unterwegs ein nettes Picknick machen!"

Mehr überredet als überzeugt setzte er sich kurz darauf hinters Steuer. Ehrensache, dass ich darauf bestanden hatte, dass er sein Mobiltelefon zu Hause ließ.

„Es gibt keinen erdenklichen Notfall, der dein sofortiges Eingreifen nötig macht!", erklärte ich ihm. „Dieser Tag gehört ganz uns beiden!"

Wir fuhren also los, erst über eine große Bundesstraße, später bogen wir auf kleine Landstraßen ab und irgendwann war rechts und links kaum mehr etwas anderes als Wald. An einem kleinen Rastplatz machten wir Halt.

„Es ist noch viel zu früh für ein Mittagessen!", moserte Georg, als ich den Picknickkorb auf den Tisch stellte. „Lass uns noch warten, ja?"

Fast schon automatisch griff er in die Hosentasche.

„Dein Telefon liegt zu Hause!", erinnerte ich ihn. „Warum unterhalten wir uns nicht einfach? So wie normale Leute das am Wochenende tun?"

Ratlos sah Georg mich an.

„Dann lass uns einen Spaziergang machen", schlug ich vor. „Wir vertreten uns die Beine, dann fahren wir weiter. Irgendwo hier in der Nähe sollte das Josephskreuz sein! Da waren wir doch früher immer!"

Früher, das war, als unsere Kinder noch klein waren, also irgendwann in den Achtzigern. Wir fuhren also nach der kurzen Pause weiter, immer hübsch durch den Wald.

„Müsste das nicht eigentlich auch ausgeschildert sein?", fragte Georg nach einer ganzen Weile. „So groß ist der Harz ja schließlich auch nicht, als dass man hier stundenlang herumfahren könnte, ohne auch nur einer Menschenseele zu begegnen!"

„Ich schau mal in der Karte nach!", versprach ich. Seinen leicht gereizten Unterton hatte ich durchaus vernommen. „Hast du den Proviantkorb in den Kofferraum gepackt?", fragte ich.

Georg warf mir einen ärgerlichen Blick zu. „Natürlich nicht! Du hast ihn doch hinter deinen Sitz gestellt!"

„Ja, als wir zu Hause losgefahren sind!", erklärte ich ihm. „Aber auf dem Rastplatz hatten wir ihn ja noch und nun steht hinter mir gar nichts mehr! Du hast ihn aber wieder mitgenommen, oder?"

„Ich?", fragte Georg eingeschnappt. „Nein, wieso sollte ich? Ich habe gedacht, du hast ihn wieder in den Wagen gestellt, bevor wir losgelaufen sind!"

„Hab ich aber nicht!", stellte ich fest und ahnte Böses. „Dann steht er wohl noch auf dem Rastplatz!"

„Kein Kartoffelsalat?" Georgs Enttäuschung war offensichtlich. „Das darf ja wohl nicht wahr sein! Der einzige Lichtblick dieses Ausflugs bestand doch in der Aussicht auf deinen köstlichen Kartoffelsalat! Nun steht er irgendwo rum und wir haben nichts davon!"

Das war zwar ausgesprochen ärgerlich, aber viel schlimmer war, dass mit dem Kartoffelsalat auch unsere Straßenkarten auf dem Rastplatz liegengeblieben waren.

„Na, das wird ja immer besser!", schimpfte mein sonst so geduldiger Pfarrer. Wenn es um seine Gemeinde ging, war er die Ruhe und Ausgeglichenheit in Person, doch die verlor er gerade.

„Du immer mit deinen blöden Ideen!", polterte er los. „Wären wir mal zu Hause geblieben! Dann wäre jetzt auch der Rasen gemäht! Und wir würden uns längst über deinen köstlichen Kartoffelsalat hermachen, statt hier sinnlos durch den Wald zu fahren und die Umwelt zu verschmutzen!"

„Am Josephskreuz gibt es sicher ein Ausflugslokal!", zischte ich. „Und dort auch ganz bestimmt Würstchen mit Kartoffelsalat! Jetzt fahr dort endlich hin!"

„Ich will aber nicht irgendwelchen anderen Kartoffelsalat, sondern deinen!", brummte Georg unversöhnlich. „Und ohne Karte können wir noch eine Weile weiter durch den Wald fahren, ohne jemals ans Ziel zu kommen! Da ich ja auch mein Handy zu Hause lassen musste, können wir nicht mal den Routenplaner befragen!"

„Dann fragen wir eben jemanden nach dem Weg!", warf ich, inzwischen ähnlich gereizt, ein. Meine Laune war dahin, Georgs ebenfalls, so hatte ich mir unseren Tag nicht vorgestellt.

„Hier ist aber niemand, den ich fragen kann!", schimpfte Georg weiter. „Nichts außer Bäumen! Man könnte glauben, wir hätten uns irgendwo in der Pampa verfahren. Verflixt noch mal, hier gibt's aber auch kein einziges Hinweisschild. Und die Bäume hier sehen genauso aus wie die, an denen wir vor einer Stunde vorbei gefahren sind!"

„Dort vorn ist ein Rastplatz, fahr dort mal ran. Vielleicht ist ja dort jemand, den wir fragen können!"

Georg schüttelte ärgerlich den Kopf. „Da steht kein einziges Auto!", stellte er fest, bog jedoch trotzdem ab. „Aber vielleicht macht ja ein Fahrradausflügler Halt!" Das klang nun schon ausgesprochen zynisch, Georg stand kurz vor der Explosion.

„Schau mal!", sagte er plötzlich und zeigte auf den Unterstand mit den Bänken und dem kleinen Holztisch. „Das sieht ja fast so aus wie unser Proviantkorb!"

Ungläubig stieg ich aus und besah mir das gute Stück.

„Das ist unser Proviantkorb!", stellte ich überrascht fest.

„Ist der Kartoffelsalat noch drin?", fragte Georg sofort. Dieser Mann hatte wirklich nur meinen Kartoffelsalat im Sinn, es war unglaublich.

„Ja!", beruhigte ich ihn. „Und Korb und Kühlbox sind unversehrt. Selbst die Würstchen sind noch heiß! Zufrieden?"

Georg nahm sich einen Teller und sah mich lauernd an. „Ja, jetzt schon! Da hat sich die ganze Im-Kreis-Fahrerei ja wenigstens gelohnt!", stellte er amüsiert fest und biss herzhaft in ein Würstchen. „Also, dein Kartoffelsalat, Grete, der ist wirklich Weltklasse! Dafür gurke ich sogar den halben Tag durch den Harz, wenn es sein muss!"

Was für ein Kompliment! Ich konnte mir ein Schmunzeln nicht verkneifen. Mein Georg war wirklich eine Klasse für sich. Und Dank der Straßenkarten fanden wir den Heimweg auch auf

Anhieb. Dass unser Sohn sich inzwischen um den Rasen gekümmert hatte, diese Überraschung hob ich mir allerdings für
später auf.

Fehlalarm

*B*ei meiner ersten Schwangerschaft war ich so aufgeregt, wie man nur sein kann. Jede Regung registrierte ich mit Hochspannung, ich kaufte Bücher über Schwangerschaft, Geburt und Kindererziehung und glaubte trotzdem, nicht genügend vorbereitet zu sein. Klar, mit fünfunddreißig war ich nicht mehr die allerjüngste Mama, aber Hagen und ich hatten uns absichtlich etwas Zeit gelassen, waren gereist und hatten unser Nest gebaut. Ich arbeitete seit drei Jahren für die Caritas und konnte mir nun gut vorstellen, auf eine Teilzeitstelle zu wechseln. Der Zeitpunkt war einfach perfekt, die Umstände hätten nicht besser sein können – und dann klappte es auch praktisch sofort.

„Wenn unser kleiner Schatz erst mal da ist …", war mittlerweile Hagens Lieblingssatz. Seit einer Ultraschalluntersuchung wussten wir, dass wir ein Mädchen bekommen würden. Schnell entschieden wir uns für einen Namen: Amelie. Und so nannten wir unser Baby dann auch schon mal, selbst wenn sie zu dem Zeitpunkt noch sicher in meinem Bauch schlummerte. Da die meisten meiner Freundinnen kinderlos waren, fehlte mir die Erfahrung, welche körperlichen Befindlichkeiten in welchem Schwangerschaftsmonat normal waren. Das erste heftige Ziehen im Unterleib verspürte ich in der vierunddreißigsten Woche. Mit Sack und Pack brachte mich Hagen ins Krankenhaus.

„Unsere Amelie kommt viel zu früh, Sie müssen etwas unternehmen!", flehte er die Ärzte an, während ich vor Schreck nicht wusste, wie mir geschah. Natürlich nahm man meine Beschwerden sehr ernst, ich wurde untersucht, an einen Wehenschreiber angeschlossen und nach gut drei Stunden wieder entlassen.

„Fehlalarm!", erklärte mir der Arzt. „So was passiert schon mal. Außerdem, besser Sie kommen, als dass Sie allein zu Hause sitzen und dann geht es wirklich los!"

Seine Worte im Ohr fanden wir uns eine Woche später wieder in der Notaufnahme ein.

„Ich glaube, ich habe Wehen!", erklärte ich der Schwester am Empfang. „Es zieht so komisch und überhaupt, mir ist auch ganz schlecht!"

Das kam wahrscheinlich von all der Aufregung, denn Amelie turnte seit dem Vorabend in meinem Bauch herum, als probe sie bereits für die überübernächsten olympischen Spiele.

„Nein, es ist alles in Ordnung, Sie haben keine Wehen!", hörten wir ein paar Stunden später. „So ein Fehlalarm kann schon mal passieren!", beruhigte man uns.

„So langsam wird die Sache peinlich!", murmelte mein Mann und fuhr mich wieder nach Hause. Als ich zehn Tage später, es war mitten in der Nacht und Amelie tobte sich erneut aus, wieder der Meinung war, es würde jeden Moment losgehen, weil sich mein Unterbauch verhärtet hatte, war Hagen schon skeptisch.

„Bist du sicher? Nicht, dass wir wieder umsonst in die Klinik fahren?"

Ich war mir sicher. Und ich bestand darauf, loszufahren. Natürlich wagte es mein Mann nicht, sich meiner Bitte zu widersetzen. Und natürlich war es wieder genauso umsonst, wie die beiden Male zuvor. Immerhin hatten die Schwestern ihren Humor noch nicht verloren.

„Glauben Sie mir, es gibt Schlimmeres, als einen Fehlalarm in Sachen Baby!", versicherten sie mir.

In den folgenden drei Wochen fuhren wir noch weitere vier Mal ins Krankenhaus. Und jedes Mal war ich mir vollkommen sicher, dass es jede Minute losgehen musste.

„Wie wäre es, wenn du erst mal wartest, bis du richtige Wehen hast?", schlug meine Mutter vorsichtig vor. „Die kann man nicht fehlinterpretieren, glaub mir. Ich habe das drei Mal mitgemacht, das ist sehr eindeutig!"

Beim nächsten Mal, als ich mir wieder sicher war, dass es gleich losgehen würde – es waren ja nur noch zehn Tage bis zu dem errechneten Geburtstermin – wollte Hagen schon gar nicht mehr losfahren.

„Warten wir doch noch ein bisschen!", schlug er vor. Doch ich protestierte. „Nein, ich will ins Krankenhaus! Meinst du, ich will das Kind hier bekommen?"

Brummelnd fügte sich Hagen – nur um mit mir und ohne Amelie im Arm im Morgengrauen wieder heimzufahren. „Noch mal mache ich das aber nicht mit!", erklärte er mir ernsthaft. „Wir hören auf deine Mutter, wir warten!"

Lange mussten wir das nicht tun, denn schon in der folgenden Nacht, ging es wieder los. „Nein, Schatz, wir warten!", beschloss Hagen, während ich hilflos durch die Wohnung tigerte. Was machte die Kleine da nur mit mir? Plötzlich sah ich an mir herunter: Die Fruchtblase war geplatzt!

„Hagen!", schrie ich. „Es geht wirklich los!"

Mein Mann stand erst auf, als ich an ihm herum rüttelte, dann sah er die Bescherung, während mich in dem Moment die erste richtige Wehe erwischte. Der Schmerz riss mir fast die Beine weg, doch anstatt mich ins Krankenhaus zu fahren oder wenigstens den Notarzt zu rufen, stand Hagen einfach nur da und starrte mich an.

„Hagen, mach was!", verlangte ich und schrie vor Schmerzen

auf. Verflixt, das tat aber auch weh! Doch mein Göttergatte blieb erstarrt. Ich schrie vor Schmerzen und vor Angst und Hagen rannte nun, nachdem er die Schreckstarre überwunden hatte, völlig kopflos hin und her. Dann klingelte es an der Wohnungstür. „Brauchen Sie Hilfe?", hörte ich jemanden fragen. Was Hagen sagte, hörte ich nicht.

„Ja, ich brauche Hilfe, das Baby kommt!", rief ich, verzweifelt und mich unter Schmerzen krümmend. Das war kein Fehlalarm, gab ich Mama recht, das tat so weh, das konnte nicht mal ich falsch interpretieren.

„Oh, ich habe zwar keine Kinder und ich weiß auch nicht, wie das geht, aber Ihr Mann sollte vielleicht einen Arzt rufen?", schlug die junge Frau vor, die sich an Hagen vorbei in die Wohnung gedrängt hatte. Ich erkannte in ihr das Partygirl von gegenüber.

„Ich komme gerade von einem Konzert!", erklärte sie mir. „Oh Mann, das sieht echt so aus, als ob das wehtun würde! Rufen Sie einen Arzt, los!", trieb sie Hagen an. „Ihre Frau braucht Sie jetzt! Kommen Sie, Sie schaffen das!", redete sie dann auf mich ein, während sie Hagen das Telefon in die Hand drückte. „Der Notruf ist 112!", erklärte sie ihm, dann führte sie mich vorsichtig ins Schlafzimmer.

„Erzählen Sie mal, was haben Sie denn alles eingepackt?", fragte sie mich aus. „Und ich versuche nicht daran zu denken, dass ich eigentlich kein Blut sehen kann, ja?"
Ich nickte fast schon automatisch.

„Die schicken einen Krankenwagen!", berichtete Hagen uns aufgeregt. „Der ist schon so gut wie unterwegs!"
Das war Amelie auch, denn nun ging es ganz flott. Die Abstände zwischen den Wehen wurden immer kürzer und als der Notarzt endlich eintraf, war Amelie schon fast auf der Welt.

„Hey, Sie machen das großartig!", feuerte mich meine Nachbarin fleißig an. Sie hielt mir die rechte, Hagen die linke Hand. Gemeinsam atmeten wir die Wehen weg und als Amelie dann endlich da war, kullerten bei uns allen dreien die Tränen.

„Ach Gott, ist die süß!", flüsterte meine tapfere Helferin. „Und sie hat sogar schon richtige Haare auf dem Kopf! Wie soll sie denn heißen? Haben Sie schon einen Namen ausgesucht?"

„Amelie!", flüsterte ich heiser. „Wir nennen sie Amelie!"

„Oh, das ist ja süß!", flüsterte sie zurück. „So heiße ich auch!"

Wo ist Thea?

Wir leben in einem kleinen Ort, in dem jeder noch jeden kennt. Und besonders Thea Bilder kannte jeder. Die ehemalige Pfarrhaushälterin engagierte sich seit ihrer Pensionierung in der Gemeinde, wo sie nur konnte.

„Denken Sie doch auch mal an sich!", ermahnte ich sie oft. Wir lebten gegenüber ihrer kleinen Wohnung und ich sah sie bei Wind und Wetter auf ihrem Fahrrad davon radeln. Fast jeden Tag. Dabei war sie inzwischen schon siebzig Jahre alt und ruhte sich nur am Sonntag aus. Doch sie wiegelte, wann immer ich sie darauf ansprach, ab.

„Lassen Sie mal, solange ich die Kraft noch habe, muss ich einfach etwas tun!"

Diese Einstellung erinnerte mich sehr an meine Mutter, also ließ ich lange Diskussionen besser bleiben.

Umso erstaunter war ich, als ich feststellte, dass ich Thea schon seit einigen Tagen nicht mehr gesehen hatte. Entschlossen marschierte ich zu ihr hinüber, doch auf mein Klingeln hin öffnete niemand.

„Was, wenn sie hilflos in ihrem Wohnzimmer liegt?", fragte ich meinen Mann besorgt. „Sie hat keine Angehörigen, das hat sie mir selbst erzählt. Und wenn sie ins Krankenhaus gekommen wäre, hätten wir das doch mitbekommen, oder?"

Gemeinsam mit meinem Mann überlegte ich, wann genau ich Thea zuletzt gesehen hatte. „Am Samstag!", war ich mir sicher. Inzwischen war Donnerstag. „Sonntags geht sie nur zum Gottesdienst in aller Frühe, deshalb sehen wir sie nie. Denn den Rest des Tages bleibt sie daheim!"

Theas Tagesablauf war so festgelegt, dass man nach ihren Aktivitäten die Uhr hätte stellen können. Ich war also höchst alarmiert. Leider erlaubt es meine Zeit nicht, mich überall zu engagieren, deshalb war mir im ersten Moment auch gar nicht klar, wo ich hätte nachfragen sollen, ob sie sich vielleicht abgemeldet hatte. Der Pfarrer jedenfalls wusste von nichts, was aber, wie mir seine Haushälterin erklärte, auch keine Überraschung war, da er sich so etwas grundsätzlich wohl nicht merkte. Schönes Schlamassel! Ich lief fast im Stundentakt zu ihr hinüber, nur um jedes Mal unverrichteter Dinge wieder heimzugehen. Am Abend behielt ich ihr Fenster fest im Blick, doch es war kein Licht zu sehen. Ich schlich sogar ums Haus herum, um nachzusehen, ob sich im Schlafzimmer vielleicht etwas tat, doch auch dort war es finster.

Freitag früh stand ich kurz davor, die Tür eigenmächtig von einem Schlüsseldienst öffnen zu lassen, nachdem die Hausverwaltung, die für die Vermietung von Theas kleiner Einliegerwohnung zuständig war, eröffnet hatte, dass man dort für eine Notöffnung absolut keinen Grund sah.

„Die gute Frau ist vielleicht verreist!", behaupteten die doch glatt. Doch diesen Gedanken schob ich weit von mir. Sie hatte nur ihre kleine Pension, über die sie sich niemals beklagte, aber große Sprünge waren damit sicher nicht zu machen. Außerdem war sie noch nie weggefahren, in den ganzen Jahren nicht. Wieso also dieses Mal?

„Wo soll sie denn auch hinfahren?", fragte ich meinen Mann. „Sie hat doch niemanden mehr!"

Samstag telefonierte ich dann sämtliche Krankenhäuser ab, umsonst. Thea wurde nirgends eingeliefert.

„Das ist doch eine gute Nachricht!", versuchte mein Mann mich zu beruhigen. Ich jedoch war alles andere als beruhigt.

„Hört man nicht immer davon, dass alte Menschen, die allein

leben, hilflos in ihren Wohnungen sterben, weil niemand Alarm schlägt? Oder sie lange auf Rettung warten müssen, zum Beispiel nach einem Sturz? Thea ist auch nicht mehr die Jüngste!", erinnerte ich ihn. „Ich schlage jetzt Alarm, ich rufe die Polizei!" Mein Mann wollte mich zwar davon abhalten, doch ich hörte nicht auf ihn. Und zum Glück hatten die Beamten ein Einsehen und kamen unverzüglich angerückt. Aber auch ihnen öffnete niemand.

„Wir werden jetzt die Wohnung öffnen!", verkündeten sie und holten einen Schlüsseldienst. Vorsorglich hatte ich schon mal unseren Landarzt informiert. Doch kurz darauf gaben die Beamten Entwarnung.

„Die Wohnung ist leer!", erklärte sie mir. „Ihre Sorge war umsonst. Ihre Nachbarin ist sicher wirklich nur verreist. Das kann ihr ja auch keiner verbieten!"

Natürlich nicht, trotzdem sorgte ich mich furchtbar die nächsten Tage. Erst am Sonntagmorgen löste sich das Rätsel, Thea Brunner stand freudestrahlend vor mir!

„Ich bin gerade zurück!", erzählte sie mir. „Ich habe zu meinem Siebzigsten von meinem alten Pfarrer eine Reise mit einem Kreuzfahrtschiff die Donau hoch und runter geschenkt bekommen! Wir hatten früher so oft darüber geredet, nun hat er das einfach für uns gebucht! Und damit ich nicht absagen kann, hat er mich erst am Sonntag damit überrascht! Gleich nach der Frühmesse! Wenn ich gewusst hätte, dass Sie sich solche Sorgen um mich machen, hätte ich Sie aus dem Bett geklingelt. Ich weiß doch, dass Sie sonntags gern lange schlafen!" In ihrer unnachahmlichen Art nahm sie mir mein rigoroses Eingreifen und die demolierte Wohnungstür nicht einmal übel, im Gegenteil. Wir haben vereinbart, dass wir uns mindestens einmal am Tag bei einander melden. Nur sicherheitshalber!

Zugeparkt

 $\mathcal{E}$ s war einer jener Tage, an denen ich schon kurz nach der Mittagspause hektisch auf die Uhr schielte. Die Zeit schien nur so zu verfliegen, dabei türmten sich auf meinem Schreibtisch die Papierberge. Seit unsere Tochter Lena in den Kindergarten ging, war ich jedoch auf einen pünktlichen Feierabend angewiesen, wollte ich nicht einen Riesenkrach mit der Kindergartenleiterin riskieren.

„Wir haben hier gewisse Regeln, an die sich alle Eltern zu halten haben!", eröffnete sie mir an Lenas erstem Tag. „Und da uns der Gesetzgeber, in dem Fall das Versicherungsrecht, enge Grenzen vorgibt, muss ich Sie bitten, Ihre Tochter jeden Tag bis spätestens vier Uhr abzuholen. Pünktlich, verstehen Sie? Andernfalls müssen wir das Jugendamt informieren und Sie müssen Ihr Kind dort abholen."

„Einfach mit nach Hause nehmen oder länger bleiben, dürfen die nicht mehr!", hatte mir eine andere Mutter zugeraunt. „Wenn was passiert, müssen die Erzieherinnen selbst haften. Und wer will das schon?"

Keiner natürlich, das sah ich ja ein, allerdings war Frau Schneider schon recht grantig, wenn ich Lena erst eine halbe Stunde vor Schließung abholte. Verständnis für die Tücken des Alltags fehlte ihr offenbar völlig.

„Alles eine Frage der Organisation!", tönte sie gern, vor allem, wenn man ihr mit Entschuldigungen und Erklärungen kam.

Ihr missbilligender Blick ging mir regelmäßig unter die Haut und nun bekam ich schon fast Schweißausbrüche, wenn ich nur daran dachte, wie eng es wieder werden würde. Doch es wurde eigentlich alles gut – ich kam pünktlich raus. Doch dann beging ich den Fehler, in eine zu verlockend freie Parklücke abzubiegen und schnell mein Kleid aus der Reinigung zu holen. Diese lag ohnehin auf dem Weg, so bot es sich an. Außerdem war ich nur eine Minute weg, das gab mein Zeitplan locker her. Als ich wieder kam, war es jedoch passiert: Zugeparkt! Und wie! Ich rangierte mit hochrotem Kopf hin und her, doch da war nichts zu machen, ich saß fest! Resigniert schaltete ich den Motor aus und griff nach meinem Telefon. Ob es mir gefiel oder nicht, ich musste Frau Schneider Bescheid geben, dass ich es vielleicht nicht schaffen würde. Dass ich ausnahmsweise nichts dafür konnte, würde sie hoffentlich milde stimmen. Doch was war das? Akku leer? Mein Blutdruck schoss augenblicklich in die Höhe. Ich stürzte aus dem Wagen und ins nächste Geschäft.

„Bitte, ich muss dringend mit dem Kindergarten telefonieren!", flehte ich die Verkäuferin an, die mir wortlos das Telefon reichte. Als ich die Nummer eintippen wollte, ging mir auf, dass die ja nur in meinen Kontakten gespeichert war.

„Können Sie mir vielleicht auch mit der Nummer aushelfen?", fragte ich. Vor Verzweiflung kamen mir fast die Tränen, dabei bin ich sonst nicht so nah am Wasser gebaut.

„Ein Telefonbuch haben wir hier nicht", entschuldigte sich die Verkäuferin, die natürlich sah, wie ich mich fühlte. „Und Internet leider auch nicht. Ich kenn das!", versicherte sie mir. „Ich muss auch immer rumhetzen. Und wehe, wenn es dann irgendwo hakt! Warten Sie mal, wir finden eine Lösung. Wie viel Zeit haben Sie denn noch?"

Ich warf einen schnellen Blick auf die Uhr. „Zu wenig, um alle Geschäfte in der Nachbarschaft abzuklappern!", gab ich zu.

„Dann ruf ich Ihnen den Abschleppdienst!", erklärte sie resolut. „Wer sich so in den Weg stellt, hat nichts Besseres verdient!"

Auch wenn sich ein Teil in mir weigerte, nach so kurzer Zeit gleich nach einem Abschleppwagen zu rufen, schließlich konnte ich sehr gut nachvollziehen, wenn man unter Zeitdruck war, was sollte ich machen? Schweigend nickte ich und sie wählte. Nach nur fünf Minuten kam ein großer, gelber Laster angefahren und lud den grauen Golf auf, Lena hätte ihre Freude daran gehabt, gelbe Lastwagen standen bei ihr aus unerklärlichen Gründen gerade ganz hoch im Kurs. Ich überlegte noch einen Moment, ob ich dem Fahrer einen Entschuldigungszettel an die Windschutzscheibe heften sollte, entschied mich dann aber dagegen. Stattdessen sauste ich nun so schnell wie möglich Richtung Kindergarten. Nach einem Zwischenstopp an jeder verfügbaren roten Ampel sprang ich genau fünf Minuten vor vier aus dem Wagen. Lena war natürlich die Letzte. Doch das schien Frau Schneider heute nicht zu kümmern. Stattdessen rannte sie völlig panisch durchs Haus.

„Stellen Sie sich vor, Frau Lautenbach!", echauffierte sie sich. „Da predige ich unseren Eltern seit Jahren, sie sollen ihre Kinder gefälligst pünktlich holen und dann das!"

Ich sah sie verständnislos an. „Ich bin doch noch pünktlich!", versuchte ich es mit einer kleinlauten Erklärung, doch Frau Schneider wiegelte unwirsch ab. „Ach was, Sie meine ich doch gar nicht. Wir haben ja bis vier geöffnet, Sie sind noch im Limit. Aber wissen Sie was? Mein Ehemann hat sich was geleistet! Statt unsere beiden Jungs aus dem Kindergarten abzuholen, musste er ja unbedingt seine Onlinebestellung aus dem Hermesshop abholen. Und weil Männer grundsätzlich meinen, überall parken zu dürfen, ist er irgendwo in der zweiten Reihe stehengeblieben. Den Rest können Sie sich denken, oder?"

Verdutzt schüttelte ich den Kopf, während ich mit einem Auge immer Lena im Blick behielt. Sie hatte sich indes fleißig allein ihre Jacke und Schuhe angezogen und wartete nun geduldig darauf, dass Mama von der schimpfenden Frau Schneider wegkam. Ich zwinkerte ihr zu, dann hörte ich Frau Schneider weiter schimpfen.

„Na, was ist wohl passiert? Jemand hat unseren schönen alten grauen Golf abschleppen lassen! Nun hat er kein Auto und meine Kinder darf ich, wenn ich es bis halb fünf nicht schaffe, irgendwo beim Amt abholen. Denn die haben ganz strenge Regeln, sage ich Ihnen! Wenn ich wenigstens heute Morgen meine Geldbörse nicht hätte auf dem Küchentisch liegen lassen …", stöhnte sie, während mir schlagartig klar wurde, wen ich da offenbar hatte abschleppen lassen.

„Ähm, wenn es Ihnen hilft, ich könnte Sie ja zum Kindergarten fahren?", bot ich vorsichtig an. Frau Schneiders Gesicht hellte sich auf.

„Wirklich?", fragte sie. „Obwohl ich immer so streng zu Ihnen bin?"

Ich nickte. „Ja, wirklich", bestätigte ich ihr. „Ich weiß genau, wie Sie sich jetzt fühlen. Kommen Sie, sonst macht Ihr Kindergarten noch zu!"

Ein überraschendes Wiedersehen

Mein Mann war lange Jahre Pfarrer und nach seiner Pensionierung durften wir in dem alten Pfarrhaus wohnen bleiben. Doch nun wurde es mir auch langsam zu groß, den siebzigsten Geburtstag hatten mein Mann und ich schon hinter uns, da wurde jeder Quadratmeter zu viel eine Last, vor allem, wenn es ums Putzen ging. Doch mich wirklich von dem Haus trennen konnte ich auch nicht, jede Ecke bedeutete schließlich eine Erinnerung! Vier Kinder hatte ich in dem Haus großgezogen, und es war nicht immer einfach gewesen. Andererseits, es war nur ein Haus, wie unser Großer gern betonte.

„Weißt du, Mama, die Schreiberstraße ist saniert worden. Da hast du doch als Kind mit deinen Eltern gewohnt!"

Damit konnte mein Sohn zumindest mich dazu bringen, dass wir uns tatsächlich einmal eine andere Wohnung ansahen. Er hatte praktischerweise gleich einen Besichtigungstermin vereinbart. Natürlich gefiel uns die Wohnung, sie war wunderbar! Drei Zimmer, nicht zu groß, nicht zu klein, mit allem modernen Komfort. Mein Joseph zögerte nicht lange und sagte spontan zu.

„Komm schon, Klara, so eine Chance bekommen wir so schnell nicht wieder. Zumal der Mietpreis auch noch recht günstig ist!"

Ich widersprach meinem Mann nicht, er hatte ja recht. Und auch wenn der Abschied schmerzte, auch in der neuen Wohnung fand ich schnell etwas, das ich mit alten Erinnerungen verknüpfen konnte: die alte Eiche im Hof.

„Da haben meine Freundin Maria und ich im Sommer immer

auf einer Decke gesessen und Picknick veranstaltet. So viel gab es ja damals nicht, es war ja kurz nach dem Krieg, aber wir haben es uns schön gemacht, die Zeit genossen!", schwärmte ich meinem Joseph und natürlich den Kindern vor. Ich liebte es, am Fenster zu sitzen und auf den alten Baum zu schauen. Es war so bemerkenswert, dass er mir kaum gealtert erschien, während das Leben bei mir nicht nur im Gesicht deutliche Spuren hinterlassen hatte.

„Weißt du denn, was aus Maria geworden ist?", fragte meine jüngste Tochter irgendwann. „Schließlich standen die meisten diese Häuser hier fast fünfzehn Jahre leer, bis sich jemand erbarmt und sie saniert hat!"

Ich schüttelte den Kopf. „Ich weiß es nicht. Sie ist irgendwann weggezogen, wie so viele. Ich glaube, das war noch lange, bevor ich aus der Schule kam. Ich habe nie wieder von ihr gehört."

Damit war das Thema für mich vom Tisch und ich war auch gar nicht böse darum. Ich tat das, was ich eigentlich mein ganzes Leben lang getan hatte, ich schaute nach vorn. Zunächst erst einmal auf unsere bevorstehende goldene Hochzeit. Die ganze Gemeinde machte schon ein großes Geheimnis daraus und als ehemaliger Pfarrer rechnete mein Mann mit weit über hundert Gästen! Ich durfte gar nicht daran denken! Am Ende waren es fast dreihundert und die Feier fand im Gemeindesaal statt. In einem Privathaus wäre es ja auch kaum möglich gewesen. Alle hatten zusammengelegt, um uns dieses riesige Fest zu schenken, Joseph und ich waren sehr gerührt. Als dann jedoch unsere Kinder mit einem eigenen Geschenk um die Ecke kamen, an dem sich sogar die Enkel beteiligt hatten, gab es für mich kein Halten mehr.

„Eine Kreuzfahrt? Ihr seid ja verrückt!", schluchzte ich und fiel meiner jüngsten Tochter um den Hals. Auch Joseph rang sichtlich mit sich.

„Also, dass ihr das wirklich gemacht habt!", staunte er. „Eine Kreuzfahrt auf so einem ganz großen Schiff durch die Karibik, das hatte ich eurer Mutter immer versprochen. Schon damals, als wir geheiratet haben. Doch dazu ist es leider nie gekommen!"

„Ich weiß, Papa!", sagte unser Sohn und legte den Arm um Josephs Schulter. „Deshalb haben wir euch diese Reise ja auch geschenkt. Damit ihr sie endlich machen könnt, jetzt, wo es euch noch gut geht! Man soll nicht immer nur träumen, sondern das Leben anpacken! Das hast du uns doch immer gepredigt, nicht wahr?"

Joseph nickte, wie sehr er sich freute, war offensichtlich.

Einen guten Monat später traten wir die Reise an. Allein die Fahrt nach Hamburg in den Hafen war aufregend! Und erst dieses Schiff! Wir schwelgten sozusagen im Luxus und genossen jede Sekunde. Natürlich nahmen wir auch an jedem sich bietenden Landausflug teil. Wir gingen auf Aruba und auf den Bahamas von Bord, besuchten Plantagen und genossen die schönsten Sonnenuntergänge, die man sich vorstellen konnte. Zu Ende war unsere Kreuzfahrt auf Jamaika, wo unsere Kinder als krönenden Abschluss für uns noch eine Woche ein wundervolles Hotel gebucht hatten. Meinen Mann Joseph zog es noch am gleichen Abend in die kleinen Bars und Strandrestaurants. Nach dem opulenten Essen an Bord, wollte er nun endlich die landestypische Küche entdecken. Ich stand der ganzen Sache noch etwas skeptisch gegenüber. Doch Joseph war viel zu unternehmungslustig, um sich von mir bremsen zu lassen.

„Ich habe vorhin gehört, dass die Inhaber hier deutsche Wurzeln haben!", erklärte er mir, während er einen Platz in einem kleinen Restaurant für uns suchte. „Die kochen wohl nach ganz alten Rezepten!"

Das stimmte, wie wir schnell feststellten, denn die Karte bestand tatsächlich aus deutschen Gerichten. Und zwar ausschließlich.

„Na ja, einen Krautwickel könnte ich ja mal probieren!", arrangierte sich mein Mann schnell. „Dann eben jamaikanisches Kraut, warum auch nicht!"

Schnell kam Joseph auch mit der Besitzerin ins Gespräch und wir staunten nicht schlecht.

„Meine Mutter ist Deutsche!", berichtete sie uns voller Stolz. „Sie ist Anfang der Siebziger hier hängen geblieben, hat einen Jamaikaner geheiratet und mich bekommen. Seitdem leben wir hier, glücklich und zufrieden!"

Nach ein paar weiteren Fragen war klar, sie stammte aus der gleichen Stadt wie wir, was schon ein Wunder war, denn Schkopau ist wirklich nicht weltberühmt.

„Das ist ja interessant – warum kommen Sie nicht zum Abendessen zu uns? Mama wird sich ganz bestimmt freuen, Besuch aus der alten Heimat zu bekommen! Sie schwärmt noch heute von ihrer schönen Kindheit und den zauberhaften Stunden mit ihrer Freundin unter dem Eichenbaum im Hof!"

Ich dachte, ich höre nicht richtig! Und ja, am Abend war die Überraschung dann komplett! Es war tatsächlich Marias Tochter, der das Restaurant gehörte! Die Freude war auf beiden Seiten riesengroß. Wir plauderten bis spät in die Nacht und tauschen Erinnerungen aus. Natürlich nahmen wir uns fest vor, den Kontakt zu halten und bis jetzt, ein halbes Jahr nach unserer großen Reise, ist uns das sogar gelungen.

Freundschaftsdienst

„Als ich so alt war wie du …", predigte mir meine Mama ständig, so oft, dass ich es gar nicht mehr hören konnte. Meist folgte danach eine Aufzählung von Dingen, die ihre Mutter ihr verboten hatte, als sie gerade achtzehn war. Bei einem Thema jedoch gab es keine Debatten, nämlich, wenn es um den Abschlussball ging.

„Darauf freut sich jedes Mädchen!", erzählte mir Mama begeistert. „Du wirst großartig aussehen, mein Schatz! Wir werden dir ein hübsches Kleid kaufen und extra vorher zum Friseur gehen! Das wird ein superschöner Abend, wie ich dich beneide! Wie viele Jungen haben dich denn gefragt?"

Das war der Knackpunkt! „Nur die falschen!", fauchte ich, denn auf dieses Thema wollte ich gar nicht angesprochen werden. Marcel, der Mädchenschwarm unserer ganzen Jahrgangsstufe und natürlich auch meiner, ging, wie ich gerade erfahren hatte, mit meiner besten Freundin Isabella zum Ball.

„Ich bin so aufgeregt! Alle werden mich um ihn beneiden!", hatte sie geschwärmt und gar nicht mitbekommen, wie es mir dabei ging. Am liebsten hätte ich mich in mein Zimmer verkrochen und wäre erst nach dem ganzen Spektakel wieder aufgetaucht. Diese blöden Abschlussbälle! Als ob die ganzen zwölf Schuljahre nur auf diesen einen Abend hinauslaufen würden. Und meine Mama machte da auch noch mit! Denn sie akzeptierte natürlich nicht, dass ich keine Lust hatte.

„Blödsinn!", wischte sie meine Einwände vom Tisch. „Du würdest dich hinterher furchtbar ärgern!"

Das glaubte ich zwar nicht, kam aber gegen ihren Enthusiasmus nicht an. Sie bestellte gleich mehrere Kleider zur Auswahl, in denen ich dann vor ihr aufmarschieren musste. Für Marcel hätte ich das natürlich alles getan, doch für irgendjemand anders? Um mich überhaupt aufraffen zu können, stellte ich mir vor, was Marcel zu diesem oder jenem Kleid sagen würde. Damit klappte es schon besser und ich entschied mich am Ende für ein smaragdgrünes, schulterfreies Kleid, das meine grünen Augen vorteilhaft zur Geltung brachte. Zumindest waren das Mamas Worte.

„Ich finde, es steht dir fabelhaft, meine Prinzessin!", fasste Papa seine Meinung zusammen.

„Nun musst du nur noch entscheiden, mit wem du hingehen willst!", brachte Mama es auf den Punkt. „An Interessenten fehlt es dir ja sicher nicht!"

Das stimmte zwar, doch wenn es nicht Marcel war, dann war es mir im Grunde gleich. Was natürlich ziemlich blöd von mir war, denn eigentlich kannte ich ihn gar nicht. Er ging seit Jahren in die Parallelklasse und außer, dass er wirklich gut aussah, war er vor allem für seine sportlichen Erfolge bekannt. Er spielte im Handballteam mit und war der Star der Leichtathletiktruppe. Leider war ich völlig unsportlich. Im Gegensatz zu Isabella, die sich kein Spiel, welcher Schulmannschaft auch immer, entgehen ließ. Kein Wunder, dass sie ihm aufgefallen war, mich hatte ein Sportler wie er natürlich noch nie zu Gesicht bekommen.

Da ich ja nun auch nicht allein gehen wollte, entschied ich mich für Jonas, den jüngsten Sohn unserer Nachbarn. Seit ich ihn kannte, war er ein Stubenhocker, der zwar prima jedes virtuelle Problem lösen konnte, aber mit der Realität nicht viel am Hut hatte. Und da Mama nichts dem Zufall überlassen und mir mit aller Macht einen schönen Abend bereiten wollte, übernahm sie sogar sein Styling. Am Ende sah er durchaus vorzeigbar aus, doch ich hatte immer noch Marcel im Kopf.

Dann war er da, der große Tag. Alle sahen fantastisch aus, wenngleich sich nicht alle gut benahmen. Vor allem die Sportler griffen zu reichlich Bier und Schnaps. Klar, inzwischen waren alle über achtzehn und sie durften endlich „richtigen" Alkohol trinken. Das nutzten die meisten nach Kräften aus, wie ich entsetzt feststellte. Auch Marcel, von dem ich das nun nicht unbedingt erwartet hatte. Als er ging, folgte ich ihm aus einer Eingebung heraus. Und richtig, mit Isabella im Schlepptau marschierte er zu seinem roten BMW, den er, wie ich wusste, von seinen Eltern zum Geburtstag bekommen hatte.

„Du willst doch nicht etwa fahren?", hielt ich ihn zurück. Er warf mir einen abschätzigen Blick zu. „Wer bist du denn?", fragte er von oben herab. Hässlicher hätte er zu mir nicht sein können! In dem Moment war klar, der Kerl war für mich gestorben! So ein arroganter Mistkerl!

„Ich bin Henriette, Isabellas Freundin! Und ich lasse nicht zu, dass sie zu dir ins Auto steigt! Du bist betrunken!"

Marcel stutzte, dann brüllte er: „Glaubst du, ich lass mir von dir vorschreiben, ob ich fahren kann oder nicht?"

Leider kam ihm Isabella auch noch zu Hilfe. „Lass doch, Jette, er ist doch noch topfit und so viel hat er auch gar nicht getrunken!"

Mein Herz raste. „Nein, du fährst nicht mit!", rief ich. „Weißt du, wie viele Unfälle Betrunkene im Jahr anrichten? Und weißt du, wie viele Tote und Verletzte es dabei gibt? Willst du vielleicht irgendwo im Straßengraben liegen oder den Rest deines Lebens im Rollstuhl verbringen?" Ich funkelte sie wütend an.

Isabella stutzte und auch Marcel war nun verblüfft. Das nutzte ich aus. Da die beiden wie festgewachsen dastanden und mich anstarrten und Marcel den Autoschlüssel geradezu einladend in der Hand hielt, schnappte ich das Teil und öffnete die Fahrertür.

„Ich habe nichts getrunken!", verkündete ich. „Wenn jemand dieses Auto also bewegt, dann ich!"

Dass ich seit meiner Fahrprüfung bislang kaum ohne Mama gefahren war, sagte ich den beiden natürlich nicht. Den weiteren Widerspruch der beiden ignorierte ich, irgendwann stiegen sie einfach ein.

„Schön, dann fahr uns zu mir!", verlangte Marcel grinsend. „Wenn du unbedingt Chauffeur spielen willst! Von mir aus!"

Todesmutig startete ich den Motor, legte den Gang ein und fuhr los. Ich hoffte inständig, dass ich mich nicht blamierte. Aber es lief gut, also wurde ich mutiger und schaltete das Radio ein. Ich hörte gerade noch das Ende der Verkehrsnachrichten: „... die B 6 wieder befahrbar".

Ich lieferte die beiden samt ihrem Auto bei Marcel ab, dann marschierte ich die letzten fünfhundert Meter nach Hause. Dort wartete bereits Jonas, der schon eine halbe Stunde vor mir aufgebrochen war, auf mich.

„Man, weißt du eigentlich was passiert ist?", fragte er. „Da ist eine ganze Horde Rinder ausgebrochen! Die tummelten sich alle auf der Straße! Einer aus der Parallelklasse wäre fast reingekracht! Zum Glück hat's ihn nur in den Straßengraben geschleudert, niemandem ist was passiert!"

„Wenn Marcel in seinem Zustand selbst gefahren wäre, angetrunken wie er war ...", murmelte ich entsetzt.

„Dann hätte das böse enden können!", meinte Jonas. „Ganz böse!"

Achtung, Baby!

Eigentlich sind ja neun Monate Schwangerschaft lang genug, um sich auf die Geburt eines Kindes einzustellen. Mein Mann Karsten und ich stellten uns jedenfalls ein, und wie! Wir hatten Kurse belegt und ich war sogar dabei, als meine Schwester vor drei Jahren ihren Sohn bekam. Joshua war das süßeste Baby überhaupt und für mich stand damals fest, dass ich keine Sekunde länger mehr auf eigene Kinder warten wollte.

„Dann lass es uns wagen!", gab mir Karsten die nötige Unterstützung. „Wir zwei packen das, wir werden tolle Eltern!"

Die Erinnerung an die achtundvierzig Stunden, die meine Schwester in den Wehen lag, verdrängte ich vorläufig. Und vorläufig wurde ich auch nicht schwanger. Es dauerte fast drei Jahre, bis sich das Teststäbchen wie gewünscht einfärbte. Und just in dem Moment setzte meine Erinnerung auch wieder ein.

„Das wird sicher bei dir nur halb so schlimm!", versuchte Karsten meine Bedenken zu zerstreuen. „Meine Mutter hat mir immer erzählt, dass mein Bruder und ich ganz fix rausgekommen sind. Hat wohl nur ein paar Minuten gedauert!"

„Minuten?", echauffierte sich meine Schwiegermutter, als ich sie explizit darauf ansprach. „Da muss mein Herr Sohn wohl irgendwas verwechselt haben! Nein, nein, Marie, ein bisschen länger hat es schon gedauert, ich glaube, bei Karsten waren es so an die zehn Stunden. Und bei dem Kleinen? Lass mich überlegen …"

Die Antwort interessierte mich schon gar nicht mehr. Zehn Stunden? Das war immer noch mehr, als ich Angsthase mir vorstellen konnte auszuhalten.

„Man kann sich eine Betäubung geben lassen!", munterte

mich Karsten auf. „Ich habe mich informiert. Oder du lässt einen Kaiserschnitt machen!"

Auch wenn ich es süß fand, wie sehr Karsten sich kümmerte, aber ein Kaiserschnitt vor lauter Wehleidigkeit kam für mich auch nicht in Frage. Leider wuchs meine Angst ungefähr im gleichen Umfang wie mein Bauch.

„Das haben alle anderen Frauen vor dir auch überstanden!", wiegelten die meisten meiner Freundinnen meine Bedenken ab. Und kamen mir dann sofort mit eigenen oder gehörten, aber garantiert wahren, Horrorstorys. Irgendwann wollte ich darüber schon gar nichts mehr wissen.

An einem Sonntagabend, gut zehn Tage vor dem errechneten Geburtstermin und direkt nach der Tagesschau, war es dann soweit: Die Fruchtblase platzte.

„Es geht los!", flüsterte ich und wartete förmlich auf die erste heftige Wehe. Bis dato hatte ich nicht wirklich was gespürt, selbst den Blasensprung fand ich kein bisschen schmerzhaft.

Doch anstatt nun ruhig und besonnen ins Krankenhaus zu fahren, wie Karsten mir unseren Plan seit Monaten vorbetete, brach mein Schatz nun in helle Panik aus.

„Oh Gott, was machen wir denn jetzt?", stöhnte er. Dann lief er eine Weile panisch durchs Haus, während ich irritiert auf die großen Schmerzen wartete. Doch die kamen nicht. Dafür kriegte sich Karsten wieder ein.

„Wir fahren jetzt ins Krankenhaus, und zwar ganz entspannt!" Er lächelte mir aufmunternd zu und nur am nervösen Zucken seiner Oberlippe erkannte ich, dass er nicht halb so ruhig war, wie er sich nach außen hin gab. Dann fuhr er los, doch das bekam ich nur noch am Rande mit, denn plötzlich setzten die Wehen ein. Und wie! Gleich die erste war heftig.

„Fahr schneller!", trieb ich Karsten an. „Die können die PDA nur am Anfang machen! Also los, fahr endlich!"

Und Karsten fuhr. Über Stock und Stein und je mehr Bodenwellen er mitnahm, desto schlimmer tat es weh.

„Kannst du nicht aufpassen!", fuhr ich ihn an. „Das Geholper ist grässlich. Fahr vorsichtiger!", verlangte ich aufgelöst. „Das tut weh!"

Ich spürte Karstens besorgte Blicke. „Ich nehme die Abkürzung!", hörte ich ihn sagen, als ich gerade gegen eine neue Schmerzwelle ankämpfte. Ich atmete wie wild und völlig aus dem Takt und versuchte mich krampfhaft daran zu erinnern, wie ich mich eigentlich verhalten sollte. Doch in meinem Kopf herrschte absolute Leere. Plötzlich bemerkte ich, wie Karsten stoppte.

„Der Bahnübergang!", erklärte er mir. Doch ich wollte keine Erklärungen, ich hatte Schmerzen, ich wollte ins Krankenhaus. Stattdessen schaltete mein Mann auch noch den Motor ab. Nun wurde es plötzlich sehr still um uns herum. Und sehr dunkel. Mein Stöhnen hörte sich nun selbst für mich richtig laut an.

„Das wird schon, Liebling!", rang Karsten um Fassung. „Ich rufe jetzt einen Krankenwagen, ja? An den Schranken hier komme ich nicht vorbei und wenn ich jetzt wende, müssen wir den ganzen Weg bis zur Brücke zurückfahren. Verflixt, das ist ja eigentlich eine Abkürzung!"

Ich sah, wie Karsten nach seinem Handy kramte und hektisch darauf herum tippte.

„Hallo? Notrufzentrale? Hören Sie, ich brauche dringend einen Krankenwagen! Meine Frau hat starke Wehen, sie hören schon gar nicht mehr auf, und wir stehen hier am Bahnübergang in Osendorf!"

Ich konnte zwar nicht verstehen, was der andere da sagte, allerdings klang es irgendwie nicht nach einem „ja sofort".

„Ach so, ja, da haben Sie recht!", hörte ich stattdessen meinen Mann stottern.

„Schatz!", meinte er dann. „Die nette Dame sagt, dass sie uns einen Krankenwagen schicken kann, aber der ist genauso lange unterwegs oder steht dann schlimmstenfalls dort drüben an der Schranke. Sie sagt, wenn es jetzt sofort kommt, müssen wir das allein hinkriegen!"

„Was?", schrie ich. Vor Entsetzen und vor Schmerz, denn die nächste Wehe holte mich mit aller Gewalt ein. „Dann sag ihr, es ist unser erstes Kind! Und ich will, verflixt nochmal, endlich ins Krankenhaus!"

„Können Sie nicht einen Hubschrauber schicken?", fragte Karsten in seiner Verzweiflung. „Ich habe keine Ahnung, wie ich unser Kind entbinden soll. Außerdem, was ..." Nun hörte ich ihn nur noch flüstern.

„Keine Angst, Liebling, die schicken einen Krankenwagen!", wandte sich Karsten dann wieder an mich. „Außerdem kann das ja noch Stunden dauern, nicht wahr?"

So wie sich mein Körper anfühlte, glaubte ich daran jedoch längst nicht mehr. Plötzlich leuchtete etwas grell im Rückspiegel auf.

„Der Krankenwagen!", jubelte Karsten, drückte mir das Telefon in die Hand und sprang aus dem Wagen.

„Hallo?", flüsterte ich in die Sprechmuschel.

„Hallo!", kam es freundlich zurück. „Wie geht es Ihnen? Ich bin Hebamme und mir wurde ihr Anruf gerade durchgestellt. Sie schaffen es nicht mehr in die Klinik? Dann werde ich Ihnen und Ihrem Mann mal aus der Ferne helfen ..."

Nein, dachte ich entsetzt, das durfte doch alles nicht wahr

sein! Die nächste Wehe beanspruchte meine ganze Kraft, so dass mir das Telefon aus der Hand glitt. Dann riss auch schon jemand die Beifahrertür auf.

„Schatz, stell dir vor!", strahlte mich Karsten an. „Das hier ist Dr. Arnold, er ist Arzt und auf dem Rückweg von einem Hausbesuch!"

Die Erleichterung stand ihm deutlich ins Gesicht geschrieben. Wir hatten medizinischen Beistand – wenigstens das!

Dreißig Minuten später hielt ich unsere Tochter Carolina im Arm. Inzwischen hatte sich die Schranke wieder geöffnet und der Krankenwagen war auch eingetroffen.

„Was für ein hübsches Baby!", freute sich Dr. Arnold.

Dann fuhren wir ins Krankenhaus. Endlich. Mir fielen vor Erschöpfung fast die Augen zu. Dennoch registrierte ich noch deutlich, dass die Kirchturmuhr gerade Elf schlug.

„Keine drei Stunden", murmelte Karsten fassungslos. „Wenn ich das gewusst hätte, wäre ich früher losgefahren!"

Geld ist nicht alles

Wider besseren Wissens tat ich es jede Woche: Ich gab meinen Lottoschein ab. Natürlich war mir klar, dass Glücksspiel nicht die beste Idee ist und die Gewinnwahrscheinlichkeit gen Null tendiert. Nichtsdestotrotz freute ich mich auch über einen Kleinstgewinn, zumal mein Mann und ich seit Jahren im Wettstreit lagen, wem von uns beiden es besser gelänge, die richtigen Zahlen zu tippen. Ein wirkliches Ergebnis gab es natürlich nicht, mal gewann er fünf Euro, mal ich, es stand auch nach achtzehn Ehejahren noch unentschieden. Allein die wöchentliche Ziehung war zu einem Familienhighlight geworden, an dem sich sogar unsere beiden Kinder ergötzten. Was allerdings vornehmlich damit zu tun hatte, dass ihr Vater ein schlechter Verlierer war. Mir hingegen hatte es schon so manchen Tipp für ein Geburtstags- oder Weihnachtsgeschenk eingebracht, denn es war quasi zum Ritual geworden, im Vorfeld von all den Dingen laut zu träumen, die man tun oder haben wollte, wenn Geld einfach keine Rolle mehr spielt.

So saßen wir auch an jenem Samstagabend gebannt vor dem Fernseher, mein Mann seinen Lottoschein fest im Blick, und träumten. Und je mehr Zahlen gezogen wurden, desto klarer wurde, dass Gunnar einmal mehr daneben lag mit seinen Vorhersagen.

„Im Jackpot sind über sieben Millionen! Das wär's!", brummte er und legte den Schein beiseite.

„Verliert Papa wieder?" Ich hatte Jakob, unseren Sohn, gar nicht kommen gehört. Gemeinsam mit seiner Schwester Clara, gerade fünfzehn geworden, grinste er von einem Ohr zum anderen. Schadenfreude gehört halt zu seinen weniger guten

Eigenschaften, aber Gunnar machte es uns auch wirklich sehr einfach. Wie ein kleines Kind, das fest an den Weihnachtsmann glaubt und sich durch nichts und niemanden überzeugen lässt, beharrt er darauf, eines Tages „dran zu sein", wie er es nannte. Ich hingegen sah die ganze Sache deutlich realistischer, und meine Zahlen wusste ich natürlich auch nicht auswendig, ich tippte je nach Lust und Laune, zum völligen Unverständnis meines Gatten, der auf sein System schwor. Welches auch immer er damit meinte.

Trotzdem griff ich nun auch zu meinem Lottoschein. Als ich vier Zahlen auf dem ersten Tipp richtig hatte, wurde meine Kehle schon ganz trocken. Dann die fünfte: auch sie stimmte. Mir wurde fast schlecht, am liebsten hätte ich den Lottoschein erst einmal zur Seite gelegt, aber inzwischen war Gunnar aufmerksam geworden.

„Was ist? Du wirst ja ganz blass!"

„Ich habe fünf Richtige!", sagte ich und wunderte mich, wie seltsam belegt meine Stimme klang.

Dann plapperten alle durcheinander. Clara, mein Mann und natürlich Jakob, der irgendwo aufgeschnappt hatte, dass es für einen Fünfer bereits ein paar tausend Euro gab. Währenddessen schielte ich nach der sechsten Zahl – richtig! Nun war mir schlecht. Mit offenem Mund überprüfte ich die Superzahl – auch das ein Treffer! Sechs Richtige plus Superzahl – das war der Jackpot!

„Was?" Gunnar nahm mir den Schein aus der Hand.

„Du hast den Jackpot geknackt!", jubelte er.

„Echt! Mama! Du hast alle richtig! Wow!" Clara war hin und weg. „Du hast den Jackpot!", bestätigte auch Jakob. „Und wenn kein anderer diese Zahlen hat, dann kriegst du alles! Mensch, Mama, wir sind reich!"

Dann überschlugen sich die Vorschläge. „Das Haus abbezahlen! Endlich keine Schulden mehr! Dann neue Möbel, eine Garage mit Hobbywerkstatt und einen Kamin!" Gunnars Liste wurde immer länger und bald fielen auch die Kinder mit ein.

„Ich will in ein Feriencamp!", verlangte Clara. „Nach England! Oder noch besser nach New York! Mensch, Mama, das wäre so cool!"

„Ha, Sprachferien! Mach du nur!", lästerte Jakob. „Ich mache derweilen mit Mama und Papa eine Weltreise!"

Je später es wurde, desto verrückter wurden die Pläne. Und ganz entgegen meiner sonstigen Natur, fiel mir rein gar nichts ein, was ich sofort tun oder kaufen würde. Was war nur mit mir los? Um Wünsche war ich doch sonst auch nicht verlegen? Die nächsten Tage waren echt anstrengend, alles drehte sich nur um die bevorstehende Gewinnhöhe, von der die Erfüllung der Träume ja schließlich abhing. Als dann feststand, dass ich die einzige Gewinnerin war, flippte meine Familie aus. Unter lautem Gejohle empfingen sie mich, als ich von der Arbeit heim kam.

„Mama hat den Jackpot geknackt!", jubelte Clara.

„Sei leise!", fuhr ich sie an. „Es muss doch nicht jeder mitbekommen!"

Doch Clara sah das völlig anders: „Ist doch egal! Sollen sie sich doch mit uns freuen! Du hast es jedenfalls verdient, Mama!"

Was sicher als Kompliment gemeint war, empfand ich in dem Moment als pure Schmeichelei, denn wenig später hielt nicht nur sie mir ihren Wunschzettel unter die Nase: Designersachen, ein Smartphone einer ganz bestimmten Marke und natürlich die Sprachferien.

„Wenn ich meinen Führerschein habe, kriege ich dann ein Auto?" Jakob sah mich schelmisch-grinsend an.

„Wann kriegen wir denn das Geld?", unterbrach Gunnar meine Gedanken. „Glaubst du, dass wir es bis Ende der Woche auf dem Konto haben?"

„Keine Ahnung!", fuhr ich ihn an. Nun war ich wirklich gereizt. Gab es denn in dieser Familie nur noch dieses eine Thema? Die Antwort lautete schlicht: ja! Und als ich die Millionen auf dem Konto hatte, wurde es noch schlimmer. Alle waren im Shoppingrausch, taten so, als würde der Gewinn ihnen gehören. Dass ich bis dato nicht einen einzigen Wunsch geäußert hatte, war niemandem aufgefallen! Auch nicht, dass ich mich weder glücklich noch sonst irgendwie euphorisch fühlte. Im Gegenteil, bei der Vorstellung von so viel Geld wurde mir ganz seltsam zumute. Und wenn ich sah, wie sich alle aufführten, verstärkte sich das Gefühl sogar noch.

„Ich habe den Wagen bestellt!", flüsterte mir mein Mann mit glühenden Augen ins Ohr und krabbelte zu mir unter die Decke. Selbst im Bett gab es für ihn nur noch dieses eine Thema. „Dass wir das noch erleben!" Er drehte sich auf den Rücken und starrte glücklich die Decke an. Früher, so schoss es mir durch den Kopf, hatte er mich so angesehen. Nun glänzten seine Augen, wenn er an sein neues Auto dachte.

Nur zwei Tage nach diesem Gespräch war es allgemein bekannt, dass ich den Jackpot geknackt hatte, und ich wurde nahezu überall darauf angesprochen. Selbst mein Chef, ich arbeite in einer kleinen Buchhandlung, fragte mich, ob ich kündigen wolle.

„Nein, wo denken Sie hin?", fragte ich ihn entsetzt und griff zum ersten Mal zu einer Notlüge: „Das wird alles heillos übertrieben!", erklärte ich ihm. „Es sind nur ein paar tausend Euro!" Er schüttelte mir erleichtert die Hand und sagte: „Das ist schön, wirklich, das gönne ich Ihnen von Herzen! Ich würde Sie nur ungern verlieren!"

Das war definitiv das Netteste, was ich seit Tagen gehört hatte. Wer sich verplappert hat, habe ich nie herausbekommen, ich hatte andere Probleme und versuchte, meine Kinder von ihrem Shoppingtrip wieder herunterzubekommen. Ohne Erfolg, im Gegenteil, jede Ansage, die ich machte, wurde ignoriert. Irgendwann knallten bei mir die Sicherungen durch.

„Ihr seid ja wohl alle verrückt geworden!", schrie ich, als ich beim Heimkommen wieder über einen Berg Pakete stolperte. „Von mir gibt es nichts mehr! Und überhaupt, ich spende das ganze Geld, basta!"

Und gleich am nächsten Morgen machte ich Nägel mit Köpfen, ich marschierte zur Bank und transferierte das ganze Geld auf ein Tagesgeldkonto. Nicht einen Euro ließ ich auf dem Girokonto zurück. Als ich später nach Hause kam, empfing mich Gunnar bereits ganz aufgeregt.

„Ich habe eben Auszüge geholt! Antonia, was hast du mit dem ganzen Geld gemacht?"

Er sah mich mit einer Mischung aus Hoffnung und Entsetzen an.

„Das Geld ist weg!", erklärte ich ihm ohne viele Worte.

„Was heißt weg?", fragte er ungläubig.

„Ich habe alles gespendet!" Ich war selbst überrascht, wie leicht mir die Lüge von den Lippen ging. Gunnar stand da, wie vom Donner gerührt. Dann kamen die Kinder.

„Aber, ich meine, du kannst doch nicht ...!" Kein Zweifel, er glaubte mir.

„Nachdem mich hier in den letzten Wochen ja keiner mehr ernst genommen hat, musste ich die Notbremse ziehen. Keine Angst, was ihr euch alles geleistet habt, dass könnt ihr gern behalten. Aber nun ist Schluss. Wir brauchen das alles nicht, wir waren vorher auch glücklich!"

Und ich blieb bei meiner Geschichte. Hielt sogar das Gezeter meiner Kinder aus, die ein paar Tage brauchten, um sich wieder an den Normalzustand zu gewöhnen. Gunnar schien es noch am leichtesten zu fallen, er war jedenfalls auffällig bemüht.

„Tut mir echt leid, ich habe mich wie ein Vollidiot benommen!", er sah zerknirscht aus und drückte mir eine schwarze Samtschachtel in die Hand. Mit einem mulmigen Gefühl in der Magengegend ließ ich sie aufschnappen.

„Ein Diamantring? Gunnar, wovon ...", stammelte ich.

„Den habe ich als Erstes gekauft!", erklärte er mir ernst. „Weil ich dir zu unserer Verlobung so einen Diamantring gern geschenkt hätte."

Ich war total gerührt. Also gab es doch noch etwas, das wichtiger war als Geld – unsere Liebe!

Natürlich konnte keiner verstehen, wie man so viel Geld einfach weggeben kann, aber ich blieb eisern dabei. Wankelmütig wurde ich erst, als kurz darauf unser zwölf Jahre alter Golf streikte, und zwar endgültig. Geschätzte Reparaturkosten ein paar tausend Euro.

„Hattest du nicht einen neuen Wagen bestellt?", fragte ich ohne Hintergedanken.

„Den hab ich wieder abbestellt!", räumte er ein. „Als du gesagt hast, du hast alles weggegeben!"

Damit hatte ich ja nun gar nicht gerechnet. Immerhin machte er mir keine Vorwürfe. Selbst die Kinder hielten sich auffallend zurück.

„Ohne den Gewinn hätten wir das auch regeln müssen!", beruhigte mich Gunnar. „Wir schaffen das! Auch ohne Lottogewinn!"

Und das taten wir auch. Die Hälfte von dem in Sicherheit gebrachten Geld habe ich tatsächlich gespendet. Die andere Hälfte ist sicher verwahrt. Ich werde ihnen irgendwann natürlich davon erzählen. Und dann werden sie hoffentlich verstehen, dass ich nicht anders handeln konnte.

Unter Trümmern

*E*s war ein ganz gewöhnlicher Donnerstag. Wie immer machte ich mich auf den Weg zur Arbeit. Ich arbeitete seit zwölf Jahren für den Blutspendedienst des Deutschen Roten Kreuzes. Wir hatten einen Spendentermin im Gemeindezentrum der Marktkirche, mitten in der Innenstadt gelegen. Es war gegen Mittag, als wir erst eine Art Donnergrollen, dann Sirenen hörten. „Überall Feuerwehr und Krankenwagen!", berichtete eine Frau. „Man sagt, es habe irgendwo eine Gasexplosion gegeben! Ein ganzes Haus ist eingestürzt!"

Dann klingelte mein Handy. Ich hatte es immer dabei, schon wegen meinem zehnjährigen Sohn Benjamin, der zwei Mal in der Woche nach dem Unterricht aus seiner nahegelegenen Grundschule allein nach Hause lief. So auch an diesem Tag. Doch es war nicht Benjamin, es war seine Lehrerin.

„Frau Ebersbach?", rief sie. Das Krachen im Hintergrund ließ nichts Gutes vermuten. „Hier ist Frau Stollberg, Benjamins Lehrerin. Haben Sie schon von der Gasexplosion gehört? Ich fürchte, Ihr Wohnhaus ist auch betroffen!"

Noch während ich mir vorzustellen versuchte, was das bedeuten könnte, sprach sie weiter. „Ich bin nicht sicher, ob Benjamin schon zu Hause war. Hat er sich bei Ihnen gemeldet? Die letzte Stunde ist ausgefallen, deshalb waren die meisten Kinder schon weg."

Sie redete und redete, während ich mich mühte, einen klaren Gedanken zu fassen.

„Ich komme sofort!", unterbrach ich sie. „Benjamin hat sich bei mir nicht gemeldet!"

Ihr Schweigen machte mir gleich noch mehr Angst. In Windeseile schnappte ich mir meine Tasche und lief los. So wichtig meine Arbeit auch war, mein Sohn ging in jedem Fall vor.

Natürlich fuhren keine Straßenbahnen in unsere Richtung, also hielt ich ein Taxi an. Als ich die Adresse nannte, schüttelte der Fahrer den Kopf. „Tut mir leid, aber haben Sie nicht gehört, was dort passiert ist?"

„Doch, deshalb muss ich ja nach Hause! Ich wohne da und mein Sohn war vielleicht in der Wohnung!" Ich merkte gar nicht, dass ich nur noch flüsterte. Die Panik hatte mir die Stimme geraubt.

„Okay, ich fahre Sie soweit ran wie möglich!", versprach der Fahrer und fuhr los.

Nach wenigen Minuten erreichten wir die Kirche.

„Weiter geht's nicht. Ab hier ist alles gesperrt", erklärte er mir. Als ich bezahlen wollte, reichte er mir den Schein zurück. „Lassen Sie mal, das ist schon gut so. Hier, meine Karte. Wenn ich etwas für Sie tun kann, melden Sie sich. Ich habe in einer halben Stunde Feierabend."

Dankbar nickte ich ihm zu und stieg aus. Meine Knie waren ganz weich. Keine drei Meter weiter hatte die Polizei eine Straßensperre errichtet. Zielstrebig rannte ich darauf zu. Noch sah ich gar nichts. Unser Haus lag um die Ecke. Doch eine graue Staubwolke hing über der Kirche und dem ganzen Viertel. Dazu dieses Grummeln und Poltern wie in einem alten Kriegsfilm – mir wurde schlagartig speiübel.

„Hier ist gesperrt!", kam mir ein Uniformierter entgegen.

„Ich wohne hier! Und mein Sohn ist vielleicht im Haus! Lassen Sie mich gefälligst durch!", schrie ich ihn an. Mit meiner Beherrschung war es nun vorbei. Ich erreichte endlich die Ecke und dann traf mich fast der Schlag: An der Stelle, an der heute

Morgen noch unser Wohnhaus gestanden hatte, türmte sich ein riesiger Haufen Schutt, der nicht die leiseste Ähnlichkeit mit dem hübschen, sanierten Gründerzeithaus mehr besaß. Mit offenem Mund starrte ich auf den Trümmerberg. Wer immer da noch drin war, die Wahrscheinlichkeit, dass da jemand überlebt hatte … mir wurde schwarz vor Augen, und ich merkte, wie ich umkippte.

„Vorsicht!", hörte ich jemanden rufen. Die Stimme kam mir bekannt vor, sie gehörte unserem Pfarrer. Auch wenn ich keine regelmäßige Kirchgängerin bin, nun war ich heilfroh, ihn zu sehen! „Benjamin!", flüsterte ich. „Mein Sohn – er hatte die letzte Stunde frei! Die Lehrerin – früher gegangen. Vielleicht nach Hause …" Aus dem unvollständigen Zeug, das ich vor mich hin stammelte, wäre ich selbst wohl nicht schlau geworden. Mit einem Schlag umringten mich Polizisten.

„Es ist nicht hoffnungslos! Auch wenn es so aussieht!", versuchte mir der Pfarrer Trost zu spenden. Ich konnte in dem Moment gar nichts mehr denken. Ich sah, wie er mit einem Polizisten sprach, der daraufhin aufgeregt sein Funkgerät zückte. „Die Einsatzkräfte sind informiert und sie suchen nach Ihrem Sohn", redete nun auch der Beamte auf mich ein. „Dort drüben steht auch ein Team von Psychologen bereit, man erwartet Sie dort bereits. Auch Notärzte sind da und die Feuerwehr selbstverständlich. Soll ich jemanden für Sie informieren?"

Er war wirklich sehr freundlich, doch ich konnte einfach nicht reagieren. Mein Blick hatte sich an der zerstörten Häuserfront festgefressen und ich war unfähig, ihn loszureißen oder auch nur auf die simpelsten Fragen zu antworten.

„Ihren Mann vielleicht?", versuchte der Pfarrer sein Glück, wo der Polizist gescheitert war. „Sie haben doch sicher auch ein Handy, nicht wahr? Geben Sie mal her!"

Widerstandslos überließ ich ihm mein Telefon. „Nennen Sie ihn Mausebär?", fragte er. Erschrocken sah ich auf. Ein Lächeln umspielte seine Augen.

„Er heißt Torsten", flüsterte ich. „Einen Mausebär kenne ich nicht!"

„Gut, dann weiß ich jetzt, wonach ich suchen muss!"

Wenig später hörte ich ihn reden. Doch seine Worte sausten links und rechts an mir vorbei.

„Benjamin!", flüsterte ich immer wieder. Ich wollte es laut heraus schreien, doch ich konnte einfach nicht.

Dann plötzlich sah ich es: Einen neongrünen Anorak im Hauseingang von Nummer drei direkt hinter einer geöffneten Krankenwagentür. Mein Herz stolperte und ganz langsam tropfte ein Milliliter Hoffnung in mein Gehirn: Benjamin!

Wie von Sinnen rannte ich los. „Benjamin!", rief ich und als ich nah genug ran war, sodass er mich hören konnten, bewegte sich der kleine grüne Anorak und drehte sich um – Benjamin! Als er mich erkannte, rannte er ebenfalls los und nach zehn unendlich langen Metern fiel er mir weinend in die Arme.

„Mami", wimmerte er bloß. Keine Spur mehr von dem selbstsicheren, abgebrühten kleinen Jungen, den ich heute Morgen in die Schule geschickt hatte. Umarmungen? Ein Küsschen zum Abschied – nie und nimmer, das fand er schon eine ganze Weile total uncool. Doch das war alles wie weggeblasen, plötzlich war er wieder mein kleiner Junge, der in Situationen, die ihn überforderten, sich an Mama festkrallte. Ich genoss es und hielt ihn einfach nur fest an mich gepresst.

Ohne dass ich es bemerkt hatte, waren mir der Pfarrer und der Polizist gefolgt und standen nun neben uns. Erst als ein Funkgerät zu kreischen anfing, fand ich langsam zu mir.

„Deine Mama ist ja jetzt da, Benjamin. Kannst du mir sagen, ob noch jemand im Haus war?"

Benjamin sah erschrocken zu mir auf. Dann schien er einen Augenblick zu überlegen, sah sich suchend um und riss sich los. Ich konnte gar nicht so schnell reagieren, wie er mir entwischte. Er rannte direkt auf den Trümmerberg zu, der einmal unser Wohnhaus war, gerade noch im letzten Moment holten wir ihn ein.

„Aber Rex ist doch noch da drin!", schrie er. Die Tränen liefen ihm übers Gesicht und er versuchte, sich loszureißen.

„Unser Hund", erklärte ich meinen beiden Begleitern. „Ein Mischling. Grau-weiß-gescheckt!"

Wir redeten mit Engelszungen auf Benjamin ein, erklärte ihm immer wieder, dass niemand mehr das Haus betreten durfte, weil es viel zu gefährlich war. Doch mein Sohn dachte immer nur an seinen vierbeinigen Freund.

„Wenn er verletzt unter den Trümmern liegt?", fragte er. Der Pfarrer war zum Glück geduldig genug, ihm jede Frage auch mehrfach zu beantworten. Irgendwann spürte ich Torstens beruhigende Hand auf meiner Schulter.

„Gott sei Dank, euch ist nichts passiert!" Sein gequälter Gesichtsausdruck sprach Bände.

„Rex ist weg!", weinte Benjamin. Mein Mann nahm ihn in den Arm und redete auf ihn ein. So wie der Pfarrer zuvor. Meine Gedanken ratterten derweilen in eine ganz andere Richtung. Wir hatten alles verloren! Einfach alles! Unsere Möbel, alle Sachen, sämtliche kleine und große Dinge, die wir besaßen.

„Es ist niemand gestorben!", hörte ich hinter mir den Pfarrer sagen. „Unten in dem Haus waren Büros, die Dachgeschosswohnung haben Sie bewohnt und unter Ihnen waren noch zwei Wohnungen, von denen eine aber gerade leergezogen war. Und die alte Frau Schmidt hat man vorhin ins Krankenhaus gebracht, sie steht unter Schock. Materielle Dinge kann man ersetzen!"

So wie der Pfarrer das sagte, klang es ganz einfach. Dass es so leicht nicht werden würde, ahnte ich.

„Kommen Sie, die Hausverwaltung hat bereits eine Ersatzwohnung für Sie organisiert, sogar möbliert!", eröffnete mir ein Polizist, als ich mich gerade von unserem Trümmerhaus abwandte.

Dann ging alles rasend schnell. Eine Menge Leute umringten uns, fragten, wie sie helfen könnten. Nach einem Zwischenstopp im Pfarrhaus ließen wir uns zu der vorgeschlagenen Ersatzwohnung bringen – und waren überrascht.

„Die ist echt schön!", flüsterte ich. „Und vollständig möbliert!" Frau Neumann von der Hausverwaltung reichte mir die Schlüssel. „Bleiben Sie, solange Sie wollen! Schließlich sind Sie schon lange unsere Mieter!"

Ruhe fanden wir in der folgenden Nacht trotzdem nicht. Tausend Sachen fielen mir ein, die unwiederbringlich verloren waren. Unsere Hochzeitsbilder zum Beispiel oder der Gipsabdruck von Benjamins kleinen Händchen, den wir direkt nach der Geburt angefertigt hatten.

„Denk nicht daran, bitte, das hätte auch alles ganz anders ausgehen können! Stell dir nur vor, Benjamin wäre in der Wohnung gewesen …"

Nein, das wollte ich mir gar nicht vorstellen.

„Wo bist du nach der Schule eigentlich gewesen?", fragte ich Benjamin am nächsten Morgen. „Mit Rex draußen!", murmelte er. „Und dann hat es geknallt und ich habe die Leine losgelassen – nun ist er vielleicht tot!"

Torsten und ich hatten Mühe, ihn wieder zu beruhigen.

Dann bekamen wir einen Anruf aus dem Pfarrhaus.

„Kommen Sie doch mal!", bat der Pfarrer. Als wir dort eintrafen, kam ich aus dem Staunen nicht mehr heraus.

„Alle bringen etwas vorbei, Sie können gleich mit dem Einräumen beginnen!", empfing uns der Pfarrer und zeigte stolz die Ausbeute von wenigen Stunden.

„Waschmaschine, Kühlschrank, Mikrowelle – alles da. Aber das hier wird Ihnen am besten gefallen, kommen Sie!" Er schob uns hinten aus dem Pfarrhaus hinaus in den Garten.

„Rex!", rief Benjamin und stürzte sich auf unseren Mischling, der kläffend an einem Birnbaum angebunden auf ihn wartete.

„Die Polizei hat ihn heute Morgen in den Trümmern aufgelesen!", erklärte der Pfarrer.

Als ich sah, wie Benjamin sich auf seinen Rex stürzte, bekam ich auch wieder Hoffnung. Und in den folgenden Wochen passierte Unglaubliches: Die Welle der Hilfsbereitschaft rollte weiter. Menschen, die wir gar nicht kannten, brachten uns Töpfe, Pfannen, Kinderspielzeug und sogar Kleidung vorbei. Meine Freunde bastelten unser Hochzeitsalbum nach, meine Eltern ließen alle möglichen Kindheitsfotos nachentwickeln – es war unvorstellbar! Nie hätte ich damit gerechnet, dass uns Fremde so zur Seite stehen. Doch bei allem, was passiert ist, werden wir eines nie vergessen – wir waren alle unverletzt! Und zum ersten Mal in meinem Leben verspürte ich eine ganz tiefe Dankbarkeit für das, was ich immer als ganz selbstverständlich hingenommen hatte – unser aller Leben.

Schwiegermonster

Schon als mein Sohn Holger vor fünf Jahren seine Annegret zum Traualter führte, freute ich mich auf ein Enkelkind. Doch leider ließen die beiden sich erst einmal Zeit. Als es dann endlich so weit war, war die Freude umso größer, vor allem, weil ich kurz zuvor pensioniert wurde. Ich war mindestens genauso stolz wie Annegret und freute mich aus tiefstem Herzen über jeden Zentimeter Bauchumfang. Denn leider hatte die Arme tüchtig mit Übelkeit und Schwindelgefühlen zu kämpfen. Ehrensache, dass ich bei den Kindern praktisch einzog und den Haushalt übernahm.

„Eva, das musst du nicht machen, Holger kann auch die Spülmaschine bedienen!", unternahm Annegret einen lahmen Versuch, auf meine Hilfe zu verzichten. Dabei kannte ich meinen Sohn doch! Holger stand mit Haushaltsdingen auf Kriegsfuß!

Als es Annegret besser ging, kümmerte ich mich intensiv um das Kinderzimmer. Ich bestellte Möbel, die ich gleich an die richtige Adresse liefern ließ, suchte endlos nach dem richtigen Stoff für die Gardinen, die ich natürlich eigenhändig nähte, und las einen Babyratgeber nach dem anderen.

„Du tust fast so, als wäre es dein Baby!", stellte Rüdiger zunächst amüsiert fest und lehnte es dankend ab, den Ratgeber zu lesen, den ich extra für ihn gekauft hatte.

Dann, eines schönen Sonntagmorgens der Anruf, auf den ich die letzten Jahren so sehr gewartet hatte!

„Es ist ein Mädchen!", jubelte Holger ins Telefon. Sie hatten sich das Geschlecht extra nicht sagen lassen, ein Spleen meiner Schwiegertochter, um sich überraschen zu lassen. Natürlich fuhren wir sofort in die Klinik.

„Sie heißt Frieda!", verkündet Holger und strahlte. Als ich unseren kleinen Schatz das erste Mal sah, war ich hin und weg: Diese winzigen Fingerchen und das kleine Stupsnäschen! Sie war so zuckersüß, dass ich sie am liebsten gar nicht mehr losgelassen hätte.

Dass Annegret erst mal in Elternzeit ging, verstand sich von selbst. Noch bevor Annegret mit der Kleinen das Krankenhaus verließ, legte ich letzte Hand an das Kinderzimmer an. Alles sollte schließlich perfekt sein.

„Eigentlich hätten Annegret und ich das Zimmer gern selbst eingerichtet!", raunte mir Holger zu, als er sah, wie wenig begeistert diese auf mein Eingreifen reagierte. „Frieda ist schließlich unser erstes Kind!"

„Ja, aber sie ist auch mein erstes Enkelkind, und dem soll es an nichts fehlen!", zeigte ich mich uneinsichtig. Wäre ich doch nur aufmerksamer gewesen!

Keine Frage, dass Rüdiger und ich erst einmal bei den Kindern blieben! Annegrets Familie wohnte irgendwo am Alpenrand, wir sahen sie kaum. Sie hatte vier Schwestern und die hatten alle bereits Kinder, also war ein weiteres Enkelkind für ihre anderen Großeltern nichts Neues mehr. Ganz anders für mich!

„Als Holger noch ein Baby war, gab es all die wunderbaren Dinge noch nicht!", schwärmte ich und gab es auf, mich beim Erwerb der ganzen Windelsorten und Babypuder zu bremsen.

„Aber, Eva, was soll ich denn mit dem ganzen Zeug?", reagierte Annegret verständnislos. „Kein Mensch braucht gleich fünf Fläschchenwärmer!"

„Du musst dich schonen, den Haushalt übernehme ich vorläufig! Schließlich hast du gerade erst ein Baby bekommen! Ich weiß doch, wie man sich danach fühlt! So einfach, wie die Männer immer tun, ist das nicht!", wechselte ich das Thema.

„Ich kümmere mich um den Haushalt und die Wäsche, dann kommst du ein bisschen zur Ruhe."

Natürlich hetzte ich auch des Nachts an Friedas Bettchen, denn ich war beim leisesten Geräusch wach. Meist war ich noch vor Annegret da, wiegte Frieda in meinen Armen und war einfach nur glücklich, wenn sie wieder einschlief.

„Das ist eigentlich mein Job!", wies mich Annegret dezent darauf hin, dass ihr das vielleicht nicht so ganz behagte. „Sie ist schließlich mein Baby und ich kann von dir ja nicht verlangen, dass du dir jede Nacht um die Ohren schlägst."

„Aber nein, meine Liebe, ich mache das doch gern!", beruhigte ich sie. Oder mich selbst? Ich dachte jedenfalls nicht daran, im Bett liegen zu bleiben, wenn mein Enkelkind weinte. Die Vorstellung, schon bald wieder über eine Fahrtstunde entfernt von meinem kleinen Schatz zu sein, gefiel mir gar nicht.

„Wir könnten hier in die Nähe ziehen!", schlug ich Rüdiger bei einem Spaziergang vor. Annegret war mit Frieda zu einer dieser Vorsorgeuntersuchungen zum Kinderarzt gefahren und hatte darauf bestanden, es allein zu tun.

„Am besten gleich in ein Zweifamilienhaus, dann können wir Frieda auch jeden Tag betreuen, wenn Annegret wieder arbeiten geht!"

In meinem Kopf hatte ich mir das alles schon so fabelhaft ausgemalt! Und alle hatten etwas davon! Die Kinder bekamen den Babysitter praktisch gratis ins Haus und selbiges würde sie nicht einen Cent Miete kosten. Damit hoffte ich sie zu überzeugen! Auch wenn Rüdiger zugegebenermaßen nicht vor Begeisterung sprühte.

„Du hättest hier gleich fünf Baumärkte in der Gegend!", lockte ich ihn. „Und das Haus, das ich im Internet gesehen habe, hat sogar einen Keller, perfekt für deine Werkstatt!"

Seinen gebrummelten Protest nahm ich nicht wirklich ernst. Stattdessen freute ich mich auf Holgers Gesicht, wenn ich ihm den Vorschlag machte. Ein eigenes Haus, darauf müssten die beiden noch eine ganze Weile sparen, das hatten sie selbst mal gesagt.

„Mit euch zusammenziehen?", Annegret sah aus, als hätte ich ihr einen Urlaub in der Arktis vorgeschlagen. Dass Holger erst einmal gar nichts dazu sagte, nahm Annegret ihm offenbar übel, denn nun brach es aus ihr heraus.

„Ich will das nicht! Ich will nicht mit euch zusammen leben! Und ich will schon gar nicht, dass du mir ständig meine Tochter wegnimmst!", schrie sie mich an. „Ich will nicht, dass Frieda irgendwann zu dir Mama sagt, nur weil du es bist, die ständig um sie ist! Ich bin ihre Mutter! Und wenn es nach mir ginge, dann wärt ihr gar nicht so oft hier! Du bist ein richtiges Schwiegermonster! Dir kann man nichts entgegensetzen!"

Zornig sprang sie auf und lief ins Kinderzimmer, riss Frieda aus ihrem Bettchen und flüchtete mit ihr aus der Wohnung, dass es draußen schneite, interessierte sie dabei herzlich wenig. Fassungslos starrten wir ihr hinterher.

„Ich sollte schon lange mit euch reden!", murmelte Holger. „Annegret hat mich schon oft gebeten, euch zu bremsen, aber du, Mama, bist ja wie eine Dampfwalze. Und du meinst es ja auch nicht böse, das weiß ich ja. Aber bei Annegret kommen deine Einmischungen eben nicht gut an. Wir müssen das allein geregelt kriegen!"

Er redete und redete und wagte kaum, mich dabei anzusehen. Als er fertig war, nahm mich Rüdiger ganz fest in den Arm.

„Komm, Liebes, wir fahren nach Hause. Annegret beruhigt sich wieder. Der Junge wird sie anrufen, ihr sagen, dass wir abgereist sind und dann kommt sie schon wieder heim!"

Fast wie in Trance packte ich unsere Sachen ein und stieg ins Auto. Tausend Gedanken schossen mir durch den Kopf.

„Sie hat mich Schwiegermonster genannt!", flüsterte ich vor mich hin. Dann, beim Aussteigen, hielt ich Rüdiger fest. „Bin ich wirklich so schlimm?"

Rüdiger wand sich ein bisschen, doch ich ließ nicht locker. „Du kannst schon sehr dominant sein!", versuchte er mir vorsichtig beizubringen, wie sehr ich übertrieben hatte. „Aber mal ehrlich, Annegret ist viel zu nett, sie hatte keine Chance gegen dich! Sie hätte ja auch uns rauswerfen können, stattdessen ist sie selbst geflohen, ich denke, das spricht für sich, oder?"

Natürlich tat es das. Und natürlich ahnte ich inzwischen selbst, dass ich weit übers Ziel hinausgeschossen war. Leider erreichte ich weder meinen Sohn, noch Annegret, um mich zu entschuldigen.

„Da ist was passiert!", alarmierte ich Rüdiger. „Wer weiß, vielleicht sucht der Junge sie noch! Es ist ja auch schon dunkel und es ist kalt! Komm, zieh dich an, wir müssen nachsehen fahren!"

Natürlich weigerte sich Rüdiger. „Lass die Kinder in Ruhe!", mahnte er mich stattdessen. „Holger hat ganz deutlich gesagt, dass er sich meldet. Vertrau ihm doch wenigstens einmal!"

Doch ich wurde von Minute zu Minute nervöser. Draußen hatte es wieder zu schneien angefangen und die Vorstellung, dass Annegret mit unserer kleinen Frieda immer noch durch die Stadt lief, verzweifelt, weil sie mir nicht begegnen wollte, machte mich schier wahnsinnig.

„Wenn du nicht fährst, dann fahre ich eben allein!", beschloss ich. Natürlich ließ Rüdiger das nicht zu, ich bin ein grauenhafter Autofahrer. Auch wenn bei dem Wetter keiner außer uns unterwegs war. Gut, dass Rüdiger Schneeketten aufgezogen hatte, denn es war ganz schön glatt. Wir waren schon auf der Landstraße, als ich am gegenüberliegenden Straßenrand einen Wagen stehen sah.

„Du, das ist doch Holgers Wagen!", rief ich. Rüdiger fuhr sofort rechts ran.

„Mama?", freute sich Holger überrascht, als ich an die Scheibe klopfte. „Wie kommt ihr denn hier her?"

Vom Rücksitz sah mich Annegret mit verweinten Augen an. Frieda schlief selig in ihrem Kindersitz.

„Deine Mutter hatte mal wieder ein ganz komisches Gefühl!", mischte sich Rüdiger ein. „Aber wieso steht ihr denn hier rum?"

„Wir wollten zu euch, um alles in Ruhe zu besprechen. Es muss doch eine Lösung geben, mit der wir alle leben können! Nun warten wir auf den ADAC, irgendwas stimmt mit dem Motor nicht!", erklärte uns Holger und sah mich dankbar an. „Wie du sowas immer weißt?"

„Mutterinstinkt!", gab ich zurück und zwinkerte meiner Schwiegertochter aufmunternd zu. „Das geht dir mit Frieda sicher genauso. Da kann man rein gar nichts dagegen tun. Und es hört auch nicht auf, wenn sie erwachsen sind!"

Annegret lächelte unsicher. „Tut mir leid ...", flüsterte sie. „Ich hätte früher etwas sagen müssen!"

„Und ich hätte mich bremsen müssen!", gab ich zurück. „Ich habe mich zu sehr eingemischt und ganz ehrlich, mir hätte das ja auch nicht gefallen."

„Du könntest malen oder im Kirchenchor singen, wenn du zu viel Zeit hast!", schlug Rüdiger irgendwann vor. „Oder dir eine andere Art von Beschäftigung suchen. Bei der Tafel mithelfen oder eine Schneiderei aufmachen – bei deinem Talent!"

Holger und er nickten im Duett, während aus der Ferne der ADAC heranbrauste.

„Ja, und regelmäßig deine Enkeltochter besuchen, kannst du auch noch!", sagte Annegret und hielt mir lächelnd die neugierig guckende Frieda hin. „Die braucht ihre Omi nämlich. Aber eben auch ihre Mama!"

Nach dieser Nacht wurde vieles anders. Nicht nur, dass ich mit meinen Nähkünsten tatsächlich die örtliche Kleiderkammer unterstütze, nein, Rüdiger und ich haben sogar ein gemeinsames Hobby entdeckt: Ich male, vornehmlich unsere Frieda, und er bastelt in seiner Werkstatt hübsche Rahmen für meine Kunstwerke. Und einmal in der Woche freuen wir uns auf unser Enkelkind. So wie alle anderen Großeltern auch.

Auf einem Bein durchs Leben

Ich war immer jemand, der nicht so schnell aus der Bahn zu werfen ist, jemand, auf den sich Freunde gern verlassen. „Einen Fels in der Brandung", nannte mein Mann mich gern. Doch von einem Tag auf den anderen, rutschte dieser Fels in sich zusammen – und von der Person, die ich einst war, blieb nicht viel übrig. Schuld daran war ein Autounfall, wie er jedem passieren konnte. Eine Verkettung unglücklicher Umstände, ein geplatzter Autoreifen und ein Straßengraben an der falschen Stelle. Ich war nicht einmal zu schnell, letztendlich gab es keine Person, die ich für den Unfall verantwortlichen machen konnte. Ich wurde eingeklemmt und musste, wie man mir später erzählte, von der Feuerwehr mit schwerem Gerät befreit werden. Es dauerte Tage, bis ich den besorgt blickenden Mann an meinem Krankenbett erkannte. Meinen Ehemann Andreas, der plötzlich auch um Jahre gealtert schien.

„Ich hatte solche Angst um dich!", flüsterte er immer wieder. „Verlass mich nicht, Barbara, bitte, du musst kämpfen, du bist stark, ich brauche dich doch!"

Was genau er damit meinte, blieb vorläufig hinter einer Nebelwand verborgen. Und als ich es dann begriff, wollte ich es nicht wahrhaben. Die Ärzte hatten alles getan, was in ihrer Macht stand, doch mein rechtes Bein war so stark zertrümmert, dass es nicht mehr zu retten war und amputiert werden musste. Wochenlang lag ich im Krankenhaus, vollgepumpt mit Schmerz- und Beruhigungsmitteln, dann wurde ich in eine Rehabilitationseinrichtung verlegt, wo ich lernen sollte, mit meinem Handicap zu leben.

„Du schaffst das!", betete mir Andreas Tag und Nacht vor. Nur mit dem Glauben daran tat ich mich schwer. Erst als die dünne Decke, mit der man mich während des Transportes zugedeckt hatte, verrutschte und darunter nur ein Bein und eine große Lücke zu sehen waren, begriff ich allmählich, was geschehen war. Ich war wie von Sinnen, glaubte, dass ich mit dieser Erkenntnis und meiner neuen Zukunft nicht klarkommen würde. „Bitte, beruhigen Sie sich!", redete der Krankenpfleger auf mich ein. „Es gibt viele Menschen, die trotz eines Handicaps ein erfülltes Leben führen! Glauben Sie mir, ich sehe viele Verletzte!" Trösten konnten mich seine Worte jedoch nicht.

Die Rehabilitation brachte ich mehr schlecht als recht hinter mich, ich hatte keinen Elan und es fiel mir schwer, die ganzen Übungen mitzumachen oder mich überhaupt dazu aufzuraffen. „Du musst dich anstrengen! Ich weiß, dass du das schaffst! Wir haben doch bisher auch alles gemeistert im Leben!", motivierte mich Andreas. „Moritz und ich brauchen dich, Barbara! Wir sind so dankbar, dass du den Unfall überlebt hast! Du darfst nicht aufgeben!", beschwor er mich und irgendwann riss ich mich halbwegs zusammen.

Während unzähliger durchwachter Nächte versuchte ich, mir mein neues Leben vorzustellen, doch es gelang mir nicht. Zu sehr war ich noch in meinem alten verwurzelt und weinte tagelang über die Tatsache, dass ich all meine schönen Schuhe nun nie wieder tragen würde oder zerbrach mir den Kopf darüber, welche Rocklänge nun am vorteilhaftesten sein würde.

„Dann trag doch Hosen!", meinte Andreas verwundert, als ich ihm meine Befindlichkeiten schilderte. „Und bitte, zerbrich dir doch über solche Nichtigkeiten nicht den Kopf!", verlangte er. Ich fühlte mich unverstanden, zog mich in mich selbst zurück und gab mich dem Selbstmitleid hin.

Zu Hause wurde es dann richtig unangenehm, denn Andreas war ständig um mich. Was als Hilfe gedacht war, kam bei mir nur negativ an, dabei wollte er mich bloß unterstützen. Dafür hatte er sich sogar beurlauben lassen. Nur wusste ich das nicht zu schätzen, schämte mich, wenn Andreas den Rest meines rechten Beins zu Gesicht bekam. Ich selbst fand mich abstoßend und hässlich. Und ich konnte mir nicht vorstellen, dass Andreas mich noch attraktiv finden würde. Mir fehlte schließlich ein Bein!

Jeder Schritt im Haus wurde zum Balanceakt, die Treppen zu einer riesigen Klettertour und wenn ich vor meinem Kleiderschrank stand – auf die Krücken gestützt – kamen mir die Tränen. Ich war doch erst vierundvierzig! Wie sollte ich den Rest meines Lebens bewältigen?

Dazu kam das berufliche Aus, denn meinen Job als Friseurin konnte ich nicht mehr ausüben. Ich fühlte mich nutzlos, entstellt und kam schon bald an den Punkt, an dem ich keinen Sinn mehr in meinem Leben sah. Ja, ich sollte dankbar sein, redete ich mir ein, doch schon im nächsten Moment dachte ich an mein fehlendes Bein und mit meiner Dankbarkeit war es vorbei. Immer wenn ich an meine neuen Grenzen stieß, nicht mehr so weitermachen konnte wie früher, regte ich mich erst auf, um danach stundenlang zu heulen.

Die Monate zogen dahin, ich wurde immer unausstehlicher und wartete argwöhnisch darauf, dass Andreas sich von mir abwandte. Er war schließlich ein gesunder gutaussehender Mann im besten Alter! Doch nichts dergleichen geschah. Er war aufmerksam und freundlich, blieb es auch, wenn ich tobte und schrie oder fast in meinen Tränen ertrank.

Dann kam der Tag, der alles veränderte. Als Moritz von der Probe seiner Theatergruppe nach Hause kam, war er stiller als sonst. Doch als Andreas ihn darauf ansprach, wiegelte er tapfer ab: „Nichts, Papa, alles ist gut!", versicherte er, aber ich sah ihm an der Nasenspitze an, dass etwas nicht stimmte. Ich humpelte in sein Zimmer und ließ mich geräuschvoll auf seinem Bett nieder.

„Raus damit, was ist los?", forderte ich.

Unschlüssig schaute er mich an, als wolle er abschätzen, ob er wirklich etwas sagen sollte. Das gab mir einen Stich. War es schon so weit gekommen?

„Wir wollen ein neues Stück aufführen. Es heißt ‚Die Arche Noah'. Aber nun kriegen wir keine Kostüme!", brach es aus ihm heraus. „Meine erste Hauptrolle – der Noah!" Ich sah, wie es in ihm brodelte. Dann erzählte er mir von dem Dilemma, im Grunde war es das Übliche: Das Budget war zusammengestrichen worden und ein Sponsor war nicht zu finden.

„Hey, was kann ich tun, um meinen künftigen Oscargewinner aufzuheitern?", fragte ich.

„Kostüme nähen!", kam die prompte Antwort.

„Aber, Schatz, du weißt doch, dass ich krank bin. Außerdem kann ich nicht nähen!", blockte ich ab und spürte, wie in mir die Verzweiflung hochstieg. Ich war zu nichts mehr nütze, nicht einmal meinem Kind konnte ich noch helfen! Ich riss mich zusammen, unterdrückte krampfhaft die Tränen. Noch während ich verzweifelt nach einer Lösung suchte, mischte sich Andreas ein, der unbemerkt hinzugekommen war.

„Moritz, bitte, deine Mutter würde euch helfen, wenn sie könnte, Moritz. Das musst du verstehen! Aber nähen kann sie wirklich nicht, und sie ist nicht mehr so fit wie vor dem Unfall, jetzt müssen eben mal andere ran!"

„Ich weiß, tut mir leid!", murmelte Moritz.

Sein gerötetes Gesicht, die Enttäuschung in seinen Augen und sein schnelles Aufgeben gaben mir einen heftigen Stich. Sollte das jetzt immer so weiter gehen? War ich nur noch fähig, andere zu enttäuschen und im Gegenzug von ihnen Verständnis einzufordern? Moritz war mein Sohn! Und er brauchte Hilfe!

Ich wagte nicht, Andreas direkt in die Augen zu sehen. Irgendwie war ich es leid, ständig in Schutz genommen werden zu müssen, nun sogar vor unserem Sohn. Was war bloß aus mir geworden? Ein unfähiges Häufchen Elend, das ausschließlich im Selbstmitleid versank!

„Früher hätte ich sämtliche Unternehmen der Gegend abgeklappert und das Geld schon aufgetrieben!", sinnierte ich vor mich hin.

Sofort spürte ich Andreas Blick. „Und warum versuchst du es jetzt nicht auch? Du könntest sie anrufen. Oder ich fahre dich hin, kein Problem. Früher hast du jeden überzeugt, und wenn es um Moritz ging, sowieso!"

„Warum eigentlich nicht!", erklärte ich ihm. Ich hievte mich tapfer hoch und humpelte Richtung Computer. Ich recherchierte eine Weile, dann stand mein Plan.

„Das wird mit anrufen nichts, ich muss dahin. Können wir das morgen machen?", fragte ich Andreas. Der nickte nur. Noch vor dem Schlafengehen rief ich eine gute Freundin an und bat sie um einen Hosenanzug.

„Ich habe nur Kostüme!", gestand ich. „Und ich will morgen was hermachen!"

Zum Glück hatten wir die gleiche Konfektionsgröße. Ein schwarzer Hosenanzug war schnell gefunden. Und am nächsten Tag vor dem Spiegel sah ich gar nicht mal so schlecht aus!

Ich brachte Andreas dazu, im ganzen Landkreis herumzufahren, klapperte eine Firma nach der anderen ab und war am Ende mehr als zufrieden.

„Acht Sponsoren, nicht schlecht!", staunte mein Mann. Und Moritz erst, als ich ihm am Abend verkündete, dass seiner ersten Hauptrolle nichts mehr im Wege stand.

„Echt, Mama? Du hast das Geld für die Kostüme wirklich aufgetrieben?" Fassungslos fiel er mir um den Hals. „Kann ich es gleich Frau Zimmermann sagen?"

Ich nickte huldvoll, ganz so wie früher, wenn ich mal wieder ein Problem gelöst hatte.

In dieser Nacht schlief ich zum ersten Mal ohne wehmütige Gedanken an mein verlorenes Bein ein. Stattdessen machte sich ein anderes Gefühl in mir breit: Dankbarkeit. Ich war noch zu etwas nütze, konnte meinem Sohn helfen und verpasste nicht sein Leben, im Gegenteil! Er stand vor seiner ersten Hauptrolle – ich war so stolz auf ihn!

In seiner Theatergruppe war ich nach der Aktion der absolute Star! Und für die Kids war es überhaupt kein Problem, dass ich nur noch ein Bein hatte, im Gegenteil, mich riefen einige Mütter an und zollten mir Respekt. Bei der Premiere saß ich stolz in der ersten Reihe und Moritz war der beste Noah, den man sich vorstellen konnte! Was war ich froh, diesen Tag zu erleben. Nach dem letzten Akt dankte mir Frau Zimmermann öffentlich für meine Hilfe und bat mich auf die Bühne. Der Applaus war mir dann schon fast peinlich.

„Wir brauchen eine Managerin wie dich!", erklärte mir mein Sohn hinterher ganz ernsthaft. Zur Unterstützung hatte er sich sicherheitshalber seine Schauspielkollegen mitgebracht. Fünfzehn Augenpaare starrten mich gespannt an – konnte ich da ablehnen? Natürlich nicht, denn eines war mir klargeworden, ich brauchte eine Aufgabe!

Den ersten Schritt in mein neues Leben habe ich gewagt – mit nur einem Bein! Dass das geht, habe ich mir selbst bewiesen

und ich bin fest entschlossen, endlich mit dem Jammern auf-
zuhören. Mein Bein kann mir keiner zurückgeben, ich muss
so leben, wie ich jetzt bin, und so langsam begreife ich, dass
das möglich ist. Doch ohne meine Familie hätte ich das nie geschafft und vielleicht musste ich diesen harten Weg gehen, um
zu erkennen, worauf es im Leben wirklich ankommt.

Ein unheilvoller Verdacht

Man liest es so oft in der Zeitung oder sieht es in den Nachrichten – Kinder, die zu Hause nicht gut behandelt werden. Dann fragen sich hinterher immer alle ganz aufgeregt, was man vorher hätte besser oder anders machen können. Schnell fällt dann das Wort „Zivilcourage". Ich nenne es lieber „Aufmerksamkeit" seinem Nächsten gegenüber. Ich halte mich für einen sehr aufmerksamen Menschen. Mir entgeht eigentlich kaum etwas. Deshalb fiel mir auch auf, dass mit den beiden Kindern unserer Nachbarn etwas nicht stimmte.

„Findest du nicht auch, dass der Paul ganz furchtbar traurig aussieht?", fragte ich meinen Mann. Unser gemeinsames Frühstück war ein Ritual, das auch nach zehn Ehejahren noch nicht eingeschlafen war. Er arbeitet als Filialleiter einer Bank in unserer Kleinstadt; ich bin nicht berufstätig. Kinder hatten wir keine, es hatte nicht sein sollen, leider. Trotzdem lebten wir in einer sehr kinderfreundlichen Gegend. Nun machte ich mir Sorgen um Paul, den zehnjährigen Sohn einer Familie, die seit gut einem halben Jahr schräg gegenüber wohnte. Ich kannte ihn nur flüchtig, aber eben als aufgeweckten Jungen, fröhlich, heiter und intelligent. Doch seit einiger Zeit wirkte er verändert, regelrecht verschlossen, fast schon traurig.

„Vielleicht ist er krank!", mutmaßte Michael.

„Krank?", überlegte ich. „Ja, vielleicht! Aber sollten die Eltern ihn in dem Zustand wirklich auf die Straße lassen?"

Michael schüttelte den Kopf. „Wer weiß, was er hat. Vielleicht hat er sich mit seinen Freunden gestritten oder der Bus ist ihm vor der Nase weggefahren."

Trotz Michaels beschwichtigender Worte ging mir der Junge einfach nicht aus dem Kopf. Fast schon zwanghaft hing ich am Fenster, wenn er morgens mit seiner fünfjährigen Schwester Ella Richtung Bushaltestelle marschierte. Und ich kam ins Grübeln, interpretierte hinein und legte aus, was das Zeug hielt, mein Gehirn verstieg sich geradezu in die kleinsten Details. Waren die beiden morgens immer schon zusammen losmarschiert? Ich kramte in meinen Erinnerungen, konnte es aber zu meinem Leidwesen nicht rekonstruieren. Und je länger ich Paul beobachtete, desto sicherer wurde ich: Er wirkte verändert, sehr sogar. Und Ella erst! Die Kleine wirkte regelrecht verängstigt, was war da bloß los?

Am anderen Morgen machte ich Nägel mit Köpfen. Ich konnte einfach nicht anders.

„Na, ihr beiden, geht es euch gut?", passte ich die Nachbarskinder ab. Ella starrte mich erschrocken an und klammerte sich dabei fest an ihren Bruder. Der reagierte deutlich verzögert und sehr merkwürdig: „Es ist alles in Ordnung, Frau Hartmann!", murmelte er und sah mich dabei nicht mal an. Bei mir schrillten sofort sämtliche Alarmglocken. Das Verhalten der beiden Kinder bewies eindeutig, dass da was nicht in Ordnung war. Wann hatte ich eigentlich deren Mutter das letzte Mal gesehen? Ich grübelte, es musste schon eine ganze Weile her sein, dafür frequentierten plötzlich eine Menge Fremder das Haus der Familie, höchst eigenartig.

Als ich später meinem Mann ganz aufgeregt davon berichtete, war der noch lange nicht überzeugt. „Und du bist sicher, dass du dir das nicht bloß einbildest?", fragte er sogar.

Natürlich war ich sicher! Oft genug hatte ich den beiden beim Spielen zugesehen. Doch was konnte ich tun? Mir fiel nichts ein, außer weiter zu beobachten. Und je länger ich das tat, desto nervöser wurde ich, schon weil mir irgendwie keiner glaubte. Ich erzählte neben Michael auch meiner besten Freundin davon, selbst Mutter dreier Kinder, doch auch die winkte nur ab.

„Du, Theresa, wirklich, misch dich da besser nicht ein!", warnte sie. „Dann legst du dich noch mit irgendwelchen Leuten an! Und was, wenn du dich irrst? Dann bist du schön blamiert!"

Das half mir nicht wirklich, denn inzwischen machte ich mir große Sorgen. Nicht wegen einer möglichen Blamage, sondern wegen der Kinder! Ich mochte mir gar nicht vorstellen, dass sie vielleicht geschlagen oder misshandelt wurden! Die vielen Fremden fielen mir wieder ein. Was ging da nur vor?

Natürlich bekam ich die Sache nicht aus dem Kopf, dafür sah ich die Kinder viel zu oft, nämlich fast täglich. Zwei, drei Wochen ging das so. Und schon bald war ich mir sicher, dass ich nicht übertrieb! Die beiden wirkten total verändert, jede Fröhlichkeit war weggeblasen, ja, sie sahen fast schon verhärmt aus. Von einer momentanen Laune konnte da keine Rede mehr sein.

„Da stimmt etwas nicht!", erklärte ich Michael also wieder. „Ich kann da nicht tatenlos zusehen! Was, wenn den beiden noch etwas Schlimmes passiert? Dann mache ich mir ewig Vorwürfe!"

Michael sah mich über den Rand seiner Brille an.

„Du hast ja recht, aber wir haben doch gar keine Beweise!", hielt er trotzdem dagegen. „Was, wenn du dich irrst? Dann lässt du so eine Sozialtante auf möglicherweise unbescholtene Bürger los! Was, wenn die Eltern den beiden nur Fernsehverbot erteilt haben? Dann gucken sie eben mal ein paar Wochen traurig! Also ehrlich, ich weiß nicht!"

So ganz von der Hand zu weisen war sein Einspruch natürlich

nicht, gestand ich mir ein. Was wusste ich denn schon von Kindererziehung? Allerdings sagte mir mein Bauchgefühl, dass ich die Sache einfach nicht auf sich beruhen lassen konnte. Ich beschloss, allem auf den Grund zu gehen, auch wenn es unangenehm zu werden versprach. Gleich am nächsten Morgen verließ ich im Morgengrauen das Haus. Ich wollte mich irgendwo auf die Lauer legen und die beiden abpassen, doch der Zufall kam mir zu Hilfe. Ich sah gerade noch, wie die beiden das Haus verließen. Es war fast noch dunkel draußen, zudem nieselte es und das Thermometer zeigte gerade mal vier Grad. Schnell sprang ich ins Auto und holte sie auch bald ein. Blitzartig entschied ich, sie mitzunehmen.

„Hallo, Paul, Ella, kommt, ich fahre euch in die Schule!", rief ich aus dem Seitenfenster. Paul war sichtlich irritiert. Auch wenn wir Nachbarn im weitesten Sinne waren, so waren wir keinesfalls eng befreundet. Andererseits war es nun auch wieder kein so großes Ding, die Nachbarskinder bei solch einem Wetter in die Schule zu fahren, noch dazu, wenn man gerade viel Zeit hatte. Es dauerte trotzdem eine Weile, bis die beiden einstiegen.

„Wir haben aber ganz nasse Sachen!", piepste Ella leise. Schwang da nicht ganz deutlich Angst mit in ihrer Stimme?

„Sei vorsichtig, sonst muss Frau Hartmann schimpfen!", machte Paul die Situation nur noch schlimmer. Ich schluckte. Himmel, was um alles in der Welt war mit diesen Kindern los?

„Das macht nichts, es ist ja überall alles nass!", beeilte ich mich ihnen zu versichern und kramte schnell im Handschuhfach. „Möchtet ihr Gummibärchen?"

Während Paul ganz vehement den Kopf schüttelte, schoss Ellas Hand sofort nach vorn. Ich drückte ihr die ganze Tüte in die Hand. Dann kamen wir auch schon an der Schule und dem daran angeschlossenen Kindergarten an.

„Hört mal, wenn etwas ist, ihr könnt jederzeit zu mir kommen!", erklärte ich ihnen, als wir uns verabschiedeten.

„Es ist aber nichts!", wehrte Paul sofort ab.

Noch am Nachmittag überwand ich meine Scheu und klingelte bei unseren Nachbarn. Es dauerte eine Weile, bis mir jemand öffnete. Herr Kerner.

„Ja?", fragte er unwirsch und ich erschrak. Wie sah der denn aus? Das Haar hing ihm strähnig herab, er wirkte ungepflegt und war auch nicht rasiert.

„Ich bin Theresa Hartmann. Mein Mann und ich wohnen dort drüben." Ich zeigte auf unser Haus.

„Ja und?", fragt er genervt. Ich schluckte meine Angst runter. Nun war ich hier, nun musste ich auch reden.

„Mir ist aufgefallen, dass Paul und Ella sich in letzter Zeit ziemlich verändert haben. Ich mache mir Sorgen, dass etwas nicht in Ordnung ist ...“

Weiter kam ich gar nicht. „Es ist aber bei uns alles in Ordnung – kümmern Sie sich um Ihren eigenen Kram!", sagte er und knallte mir die Tür vor der Nase zu.

Die halbe Nacht konnte ich nicht schlafen. Was sollte ich denn nun machen? Ich überlegte hin und her, rang mich dann schweren Herzens zu einer Entscheidung durch. Es ging schließlich um zwei Kinder, also rief ich am nächsten Morgen das Jugendamt an. Und die reagierten, anders als oft in den Medien dargestellt, blitzschnell. Als ich aus der Schule kam, erwartete mich mein Nachbar bereits wütend. Er war völlig außer sich.

„Sind Sie noch ganz bei Trost, uns das Jugendamt auf den Hals zu hetzen?! Als ob wir nicht schon genug Probleme hätten!"

„Bitte – ich habe doch versucht, mit Ihnen zu reden!", erklärte ich ihm. Seine Wut verflog schnell, stattdessen wirkte er völlig aufgelöst.

„Ich will nicht auch noch um die Kinder Angst haben müssen, verstehen Sie?"

Natürlich verstand ich nicht, schließlich hatte ich ja keine Ahnung, worum es eigentlich ging.

„Kommen Sie doch erst einmal rein!", bat ich. „Ich mache uns einen Kaffee und wir unterhalten uns, ja?"

Er warf einen zögernden Blick zu seinem Haus, folgte mir dann aber ins Wohnzimmer.

„Es geht den Kindern nicht gut, aber das ist kein Wunder!", brach es aus ihm heraus. „Mir geht es ja auch nicht gut. Meine Frau hat Brustkrebs, es geht ihr schlecht, aber sie versucht für die Kinder stark zu sein. Sie ist doch erst zweiunddreißig!"

Nun weinte er richtig. Und ich wusste nicht, was ich sagen sollte. Doch er sprach noch weiter. „Ella ist noch zu klein, um zu verstehen, wie es wirklich aussieht, aber Paul versteht das schon ziemlich gut. Er hat Angst, dass sie stirbt, wie die Mutter von einem Schulfreund von ihm. Wir haben Hilfe, Freunde, Bekannte, Familie, aber die Mama kann eben doch keiner ersetzen. Dazu diese Angst, die uns alle lähmt!"

Ich verstand ihn gut! Meine eigene Schwester erkrankte vor ein paar Jahren auch an einem bösartigen Tumor, seitdem hat die Angst nie mehr aufgehört.

„Das ist ja furchtbar, wie können wir helfen?", fragte ich.

Er schüttelte ratlos den Kopf. „Ich muss wieder rüber, aber jetzt wissen Sie Bescheid, der Frau vom Jugendamt habe ich es auch erzählt!"

„Keine Angst, ich rufe dort noch mal an und kläre alles auf!", versprach ich.

An diesem Abend lag ich noch lange wach. Ich hatte mich geirrt, diesem Mann, der mir durch sein Verhalten unsympathisch war, unterstellt, seine Kinder zu misshandeln. Dabei steckte eine furchtbare Familientragödie dahinter, mit der er nicht umgehen konnte. Er tat mir unendlich leid. Genauso seine Frau und die Kinder. Selbstverständlich klärte ich die Sache beim Jugendamt gleich auf. Und konnte sogar erreichen, dass das Amt ihm eine Haushaltshilfe zur Seite stellt! Energisch marschierte ich zu meinen Nachbarn hinüber.

„Ich habe gute Neuigkeiten!", sagte ich und erzählte ihm die Neuigkeiten. Dann bot ich an, die Kinder morgens in die Schule zu fahren und mich nachmittags zwei Mal in der Woche um sie zu kümmern, damit sie auf andere Gedanken kamen. Und Familie Kerner nahm mein Angebot an. Inzwischen läuft unsere Nachbarschaftshilfe sehr gut und auch die ersten Ergebnisse der Behandlung lassen vermuten, dass meine Nachbarin den Kampf um ihr Leben doch gewinnen kann. Paul und Ella haben immer noch große Angst, ihre Mama zu verlieren, und die kann ihnen auch so schnell keiner nehmen. Ich bin trotz allem froh, dass ich nicht weggeschaut habe, obwohl mir manchmal regelrecht schlecht wird, wenn ich daran denke, was ich Tim Kerner da unterstellt habe. Dass er seine Frau nur grenzenlos liebt und außer sich vor Panik war, darauf wäre ich im Traum nicht gekommen.

Leben nach der Katastrophe

Das Leben ist ein Geschenk und kein Recht, das man einfordern kann. Diese alte Binsenweisheit, oft zitiert und von den meisten Menschen doch eher nur dahingesagt, bewahrheitete sich für mich auf tragische Weise. Ich hatte mein Leben mit meiner Familie immer als etwas Selbstverständliches hingenommen, mein Glück als etwas, das mir zustand. Natürlich wusste ich es zu schätzen, dass es uns gut ging, doch eine wirkliche Vorstellung davon, wie schnell alles vorbei sein kann, hatte ich nicht.

Thomas und ich lernten uns im Krankenhaus kennen – er wurde mit einem Kreuzbandriss eingeliefert, ich war die Krankenschwester, die ihn versorgte. Keine sechs Monate nach unserem Kennenlernen heirateten wir. Ein Jahr später wurde Greta geboren. Ich verbrachte mit ihnen die schönsten Jahre meines Lebens – dann war alles vorbei, ohne Vorwarnung.

Wir wollten zu meinen Eltern, als uns auf der Autobahn ein Lastwagen rammte. Sekundenschlaf rekonstruierte die Polizei später. Ihm irgendeine Schuld anzulasten, war müßig, denn er starb bei dem Unfall. Genau wie meine Familie, mein Mann und unsere Tochter. Sie wurde gerade einmal drei Jahre alt. An den Unfall selbst erinnere ich mich nicht. Zunächst wusste ich nicht einmal, wo ich zu mir kam. Aber dass etwas nicht in Ordnung war, das spürte ich. Mama saß an meinem Bett. Dann kamen die ersten Bilder: Feuer. Ich spürte die Hitze, hörte Greta schreien. Dann wurde alles dunkel um mich herum. Und eiskalt. Das nächste, an das ich mich erinnere, sind merkwürdige Geräusche um mich herum: schrilles Piepen, monotones

Brummen und immer wieder das Quietschen von Gummisohlen auf Linoleum. Und wieder Mama. Ich sah auf, sie weinte.

„Mein Gott, ich hatte solche Angst, dich auch noch zu verlieren!", stammelte sie, als sie merkte, dass ich sie wahrnahm. Da wusste ich Bescheid. Sie musste gar nichts mehr sagen. Meine Familie war tot. Ich wusste es einfach, keine Ahnung woher.

Einmal bei Bewusstsein schritt meine Genesung schneller voran, als es sich alle vorgestellt hatten. Die Knochenbrüche heilten, die Brandwunden vernarbten und auch die Schmerzen verschwanden dank guter Medikamente. Dass ich noch unter Schock stand, ahnte ich. Am schlimmsten war, dass niemand offen reden wollte. Und ich stellte keine Fragen. Irgendwann ließ es sich jedoch nicht mehr vermeiden.

„Wir konnten mit der Beerdigung nicht warten!", rechtfertigte sich Mama weinend. „Es wusste doch keiner, ob du überleben würdest!"

Natürlich verstand ich das. Auch, dass mich alle schonten und deshalb kein Wort über Thomas und Greta verloren, ja, mir nicht einmal ein Bild von den beiden mitbrachten. Als ich Papa darum bat, war er richtig schockiert.

„Ob das dir so gut tut?", fragte er.

Ich ersparte uns beiden die Antwort und beim nächsten Besuch legte er es auf den Nachttisch. Angesehen habe ich es mir erst viel später.

„Wir haben eure Wohnung aufgelöst, der Mietvertrag lief doch aus und wir wussten nicht, was wird und ob du die Wohnung überhaupt noch willst!" Mama rechtfertigte sich praktisch für jede Entscheidung, die sie für mich treffen musste, dabei war ich froh, selbst keine treffen zu müssen.

„Wir haben nichts weggeworfen, nur alles eingelagert!", versicherte sie mir.

Die Wochen im Krankenhaus waren schlimm, doch viel schlimmer war es, nach Hause gehen zu dürfen und zu wissen, dass es da kein Zuhause mehr gab, in das ich hätte gehen können.

„Sie sollten psychologische Hilfe in Anspruch nehmen!", riet mir der Oberarzt beim Abschlussgespräch. Bislang hatte ich das verweigert, weil ich mir nicht vorstellen konnte, dass das etwas nützen würde. Ich musste selbst zurechtkommen, fand ich.

Ich zog erst einmal zu meinen Eltern, in das gleiche Zimmer, das ich als kleines Mädchen bewohnt hatte. Und die beiden überschlugen sich fast vor lauter Fürsorge, ebenso meine Schwestern, die praktisch täglich mit ihren Männern vor der Tür standen.

„Wenn du etwas brauchst, dann melde dich!", war der Satz, den ich am häufigsten hörte. Ich bedankte mich jedes Mal artig, doch tief in mir drin brodelte es. Wenn ich etwas brauchte? Natürlich brauchte ich etwas: Thomas und Greta zum Beispiel! Doch die konnte mir keiner zurückgeben, auch nicht, wenn ich alle mitten in der Nacht aus dem Bett klingelte. Nein, ich sagte das natürlich nicht, ich rief auch niemanden an. Wozu auch? Meine Familie war tot und von mir wurde erwartet, dass ich das Geschenk des Lebens annahm und weitermachte. Der Verlust fühlte sich unerträglich an, dazu kamen diffuse Albträume, die nach und nach konkreter wurden. Ich spürte, wie die Hitze des Feuers meine Haut verbrannte, hörte Greta schreien, immer leiser werdend, bis sie irgendwann verstummte. Fühlte Thomas kalte Hand neben mir auf dem Sitz. Wieso, fragte ich mich jedes Mal, wenn ich schweißnass aufwachte, wieso hatte ich bloß überlebt? Stundenlang zermarterte ich mir den Kopf darüber, wie es weitergehen sollte. Denn dass es das würde, war irgendwann klar.

„Deine Zeit war eben einfach noch nicht gekommen!", ermahnte mich meine Patentante nicht zu verzweifeln. „Du wirst dein Leben neu ordnen und weitermachen!"

Doch womit ich weitermachen sollte, konnte auch sie mir nicht sagen. „Das wird sich finden!", versicherte sie mir. „Egal, wie schwer es dir fällt, aber du musst mit deinem alten Leben abschließen!"

Als es mir körperlich wieder besser ging und ich mich wieder ohne Krücken bewegen konnte, stellte ich mich den Resten meiner Vergangenheit. Ich ließ mich von Papa zu dem Lagerraum fahren und sortierte unsere Sachen. Es war der schlimmste Nachmittag meines Lebens. Als ich Gretas Puppenhaus sah, verlor ich die Fassung, weinte hemmungslos. Thomas hatte es selbst für sie gebaut. Mit jedem Gegenstand, den ich in die Hand nahm, verband ich tausend Erinnerungen. Meine Eltern hatten wirklich alles aufgehoben, sogar mein altes Poesiealbum, das ich bei meinem Auszug damals mitgenommen hatte. In einer Kiste fand ich Thomas' Tagebücher, von denen er mir immer erzählt hatte. Auch wenn ich ihm schon vor unserer Hochzeit versprochen hatte, sie nie anzurühren, nahm ich sie mit. Galt dieses Wort auch jetzt noch, fragte ich mich. Ich rang ein paar Tage mit mir, dann begann ich zaghaft darin zu lesen. Vielleicht erhoffte ich mir irgendeinen Rat, einen Gruß von meinem Liebsten, einen Hinweis, wie ich ohne ihn weiterleben sollte. Natürlich blieb das Wunschdenken, das Leben ist kein Kinofilm. Mein Name tauchte, wenn überhaupt, nur selten auf. Stattdessen schrieb er über die ganzen Dinge, die man tagtäglich so in den Nachrichten sieht. Dass er sich darüber Gedanken gemacht hatte, hatte ich nicht einmal geahnt. Vor allem die Hungersnöte in Afrika gingen ihm an die Nieren. Dass heute, im einundzwanzigsten Jahrhundert, noch Menschen verhungerten, war ihm unbegreiflich. Vor allem, dass in der nächsten Werbepause gleich das neueste Diätmittelchen angepriesen wurde. Nach und nach lernte ich eine Seite an ihm kennen, die mir fremd geblieben war. Und natürlich fragte ich mich, ob wir je darüber gesprochen hätten.

„Vielleicht, wenn Greta älter geworden wäre und ihr mehr Zeit gehabt hättet!", mutmaßte meine Schwester. Sie hatte mich beim Lesen ertappt, verstand aber meine Beweggründe.

„Quäl dich nicht mit der Frage, wie Thomas das finden würde!", verlangte sie. „Er ist tot und er wäre sicher mit allem einverstanden, was dir hilft!"

Ich las also weiter. Irgendwann kam ich zu dem Tag, an dem Greta geboren wurde. Es war ein Notkaiserschnitt damals. Ich hatte viel Blut verloren, lag danach vier Tage auf der Intensivstation. Das hatte ich selbst völlig verdrängt. Nun erfuhr ich zum ersten Mal, wie Thomas die Sache damals erlebt hatte.

„Ich könnte nicht ohne sie weiterleben!", stand dort. Jeder verwackelte Buchstabe drückte seinen Schmerz aus, offenbar hatte er das Tagebuch mit im Krankenhaus gehabt, als er zwischen Greta und mir hin und her gependelt war. „Der Kleinen geht es auch nicht gut. Was, wenn beide sterben? Was mache ich denn da?", las ich und blätterte weiter. Die nächsten Seiten waren vollgestopft mit Medizinerlatein, auf das er sich keinen Reim machen konnte und das er deshalb auseinandernahm. „Wenn sie mich wirklich verlassen, dann gehe ich weg!", stand auf der nächsten Seite. „Irgendwohin, wo ich nie jemanden sehen muss, der ihnen auch nur im Entferntesten ähnelt. Das würde ich nicht ertragen!"

Ich spürte die Tränen über meine Wangen laufen. Das, was er befürchtet hatte, war eingetreten! Nur, dass ich diejenige war, die allein zurückblieb. Ich weinte hemmungslos und drückte das Buch ganz fest an mich. Nein, Thomas hatte mir nicht, wie im Film, Briefe geschrieben, in denen er mir sagte, wie ich ohne ihn zurechtkommen soll. Er hatte mir aber seine Erfahrungen und innersten Gefühle dagelassen. Und das war mehr, als ich gehofft hatte.

Ich las alle Tagebücher und je mehr ich las, desto mehr erkannte ich in jedem Satz, was das Geschenk des Lebens wirklich bedeutete. Ich atmete, war körperlich wiederhergestellt und ich fing endlich an, das als Geschenk zu betrachten. Meinen eigenen Tod sah ich im Gegensatz dazu nicht einmal als schlimmste aller Möglichkeiten an, den hätte ich damals sogar noch als gnädig empfunden, nein, ich stellte mir plötzlich vor, was wäre, wenn ich nicht wieder soweit genesen wäre. Ich hätte auch schwerer verletzt werden können, keine Frage. Ich hätte gelähmt sein können oder völlig entstellt. Plötzlich fielen mir viele Möglichkeiten ein, wie es hätte noch schlimmer kommen können. Außerdem bemerkte ich nun endlich auch den Schmerz meiner Eltern. Auch sie hatten viel verloren, dazu die Angst um mich.

Ein halbes Jahr nach dieser Katastrophe überlegte ich, wieder zu arbeiten. Meine Eltern fanden die Idee nach anfänglichem Zögern sogar richtig gut. Nur, was ich vorhatte, ahnten sie nicht. Ich wandte mich an eine ehemalige Kollegin, die seit Jahren für eine Hilfsorganisation arbeitete. Da ich durch die Lebensversicherungen finanziell abgesichert war, konnte ich es mir leisten, eine Weile auf Einkommen zu verzichten.

„Ich möchte wieder als Krankenschwester arbeiten, allerdings in Afrika. Nicht hier, wo mich alles an Thomas und Greta erinnert. Ich will nicht auf der Straße einen Panikanfall kriegen, weil das kleine Mädchen, das vor mir läuft, mich an Greta erinnert!", versuchte ich meinen Eltern meinen Entschluss zu erklären. Sie verstanden mich nur teilweise.

„Aber muss es denn ausgerechnet Afrika sein?", fragten sie.

„Ja!", blieb ich dabei. „Nur das ist weit genug weg, um Abstand zu bekommen!"

Inzwischen bin ich seit drei Jahren in Afrika, momentan in Malawi. Und ich bin mittlerweile auch bei einer Hilfsorganisation als Krankenschwester fest angestellt. Ich helfe Menschen mit den Folgen von Hunger und Mangelernährung zurechtzukommen, meist mit einfachsten Mitteln. Mein neues Leben hat mit meinem alten nichts mehr gemeinsam. Ich lebe unter recht primitiven Umständen, die die meisten wohl nicht mal beim Campingurlaub akzeptieren würden. Doch das macht mir nichts aus. Ich ziehe unglaublich viel Kraft aus meiner Arbeit. Ich kann helfen, etwas bewirken und inzwischen glaube ich sogar selbst daran, dass meine Zeit einfach noch nicht gekommen war. Thomas und Greta werde ich wohl für den Rest meines Lebens vermissen. Und natürlich werde ich mich auch künftig fragen, wie wir gerade leben würden, wenn nichts von alledem passiert wäre. Doch während ich mich das frage, geht mein Leben weiter. Jeden Tag ein bisschen mehr. Und irgendwann, da bin ich ganz sicher, werden wir alle wieder vereint sein.

Abenteuer Pflegekind

Als mein Mann Christian und ich unsere Entscheidung, ein Pflegekind aufzunehmen, anstatt uns um eine Adoption zu bemühen, mit dem Jugendamt besprachen, war man dort sehr erfreut. So schlecht unsere Chancen auf die Adoption eines Babys auch waren – wir waren beide mittlerweile schon Ende Dreißig – als Pflegeeltern jedoch waren wir hochwillkommen.

„Diesen Kindern fehlt vor allem Liebe und Zuneigung!", versicherte uns Frau Bauer, die zuständige Bearbeiterin, eindringlich.

Das Jugendamt nahm, wie in solchen Fällen üblich, unsere Verhältnisse unter die Lupe, alles war in Ordnung. Keine acht Wochen später kam dann der Anruf.

„Können Sie ein Pflegekind aufnehmen? Heute?", wollte Frau Bauer wissen. Natürlich sagte ich sofort zu und verabredete mich mit meinem Mann direkt im Jugendamt. Auf der Fahrt dorthin schossen mir tausend Gedanken durch den Kopf. Mir wurde siedend heiß bei der Vorstellung, schon bald mit einem Kind nach Hause zu gehen. So sehr ich es mir immer gewünscht hatte – nun bekam ich echt Panik. Doch Kneifen kam nicht in Frage. Und dass es sich um ein Kleinkind handelte, davon ging ich schlichtweg aus. Dass dem mitnichten so war, stellte ich vor Ort schnell fest. Saskia war ein schmächtiges zwölfjähriges Mädchen und als wir ihr zum ersten Mal gegenüber saßen, war ihr starrer Blick fest auf den Fußboden geheftet. Sie sagte kein Wort, und Frau Bauer erzählte uns, dass Saskias leibliche Mutter Alkohol- und Drogenprobleme hatte.

„Einige Therapien sind fehlgeschlagen, nun kann Saskia nicht mehr bei ihr bleiben, das sieht die Mutter auch so!", sagte Frau Bauer. Insgeheim hoffte ich, dass das stimmte. Denn die Vorstellung, einer anderen Frau gegen ihren Willen ihr Kind zu nehmen, widerstrebte mir zutiefst. Und ein Blick in Christians Gesicht sagte mir, dass er sich auch recht hilflos fühlte. Natürlich nahmen wir Saskia mit nach Hause. Sie sprach kein Wort, egal, was ich sagte oder fragte. Daheim angekommen, verschwand sie sofort im Kinderzimmer. Als wir am Abend zu Bett gingen kamen mir erste Zweifel.

„Sie hasst uns!", sagte ich zu Christian und fühlte mich dabei so hilflos wie noch nie in meinem Leben.

„Nein, Schatz, das glaube ich nicht!", beschwichtigte er mich. „Sie muss sich erst eingewöhnen, das wird schon!"

Am nächsten Morgen versuchte ich alles, um Saskia zum Sprechen zu bewegen. Ich kochte Frühstückseier, stellte Müsli und Wurst auf den Tisch und versuchte mit allen Mitteln herauszubekommen, was sie mochte und was nicht.

„Nun sag doch endlich etwas, Saskia!", forderte ich sie liebevoll auf, als sie lustlos an ihrem Toast knabberte.

„Ich will wieder nach Hause!", sagte sie und sah mich dabei zum ersten Mal an.

Mir stockte fast das Herz. Auf so etwas war ich nicht vorbereitet.

„Sieh mal, Saskia", versuchte ich mit holprigen Sätzen mein Glück, „deiner Mama geht es zur Zeit nicht gut. Das Jugendamt hält es für besser, wenn du bei uns wohnst, bis es ihr wieder besser geht!" Worte, die wohl mehr mich als sie trösteten.

„Es geht ihr aber nicht schlechter als sonst!", beharrte sie auf ihrer Meinung. Was sollte ich darauf antworten? Welche Erfahrungen hatte sie nur gemacht, fragte ich mich stattdessen ständig. Doch beim Jugendamt nachfragen, wie ich am besten reagieren sollte, wollte ich auch nicht. Ich musste das allein hinbekommen, sagte ich mir. Schließlich hatte ich mir immer ein Kind gewünscht, wäre gern selbst Mutter geworden. Da kam es überhaupt nicht infrage, beim ersten Problem sofort alles hinzuwerfen. Ich verstärkte meine Bemühungen, brachte Saskia morgens zur Schule und holte sie mittags wieder ab. Ich versuchte sie zum Sprechen zu bewegen, sie jedoch blieb verstockt, wirkte teilnahmslos und redete nur das Allernötigste. Ihre Standardantwort auf die Frage nach Hausaufgaben lautete: „Wir haben nichts auf!" Und ich glaubte ihr natürlich. Erst als der Klassenlehrer anrief, ging mir ein Licht auf. Als er mir dann noch erzählte, sie käme regelmäßig zu spät, war ich fassungslos.

„Unmöglich!", erwiderte ich. „Ich bringe sie schließlich selbst hin!"

„Nun, dann haben sie das Mädchen wohl unterschätzt!", kam es schnippisch zurück. „Saskia ist jedenfalls nicht pünktlich. Und nun haben Sie die Verantwortung für Sie, also regeln Sie das bitte!"

Unfreundlicher hätte man es nicht auf den Punkt bringen können. Auch wenn ich mich am liebsten in die Ecke gesetzt und losgeheult hätte, so fühlte ich mich nun doch bei meiner Ehre gepackt. Die aufsteigenden Zweifel, ob ich mich vielleicht einfach nur nicht als Pflegemutter eignete, warf ich schnell über Bord. Saskia war nicht irgendein Kind, sie war ein Problemkind, machte ich mir klar. Aber selbst mit einem leiblichen Kind konnte man Probleme haben. Also beruhigte ich mich wieder und nahm mir fest vor, die Sache anders anzugehen.

„Warum lügst du mich an?", fragte ich sie am nächsten Morgen, als ich sie zur Schule fuhr. Ich hatte die Nacht gebraucht, um mich zu sortieren, nun gelang es mir sogar, ruhig zu bleiben. Immerhin, das Mädchen reagierte.

„Interessiert doch sowieso keinen, ob ich da hingehe!", sagte sie.

„Doch, mich interessiert das!", sagte ich. „Und Christian und Frau Bauer auch. Wir wollen alle dein Bestes, aber ein bisschen mitmachen musst du schon. Du bist doch kein kleines Kind mehr! Du verstehst doch schon, dass die Schule wichtig ist. Verbau dir nicht deine Zukunft, das ist gar nicht nötig! Die einzige, die darunter leiden wirst, bist du selbst. Denn wir Erwachsenen haben unseren Schulabschluss schon!"

Ob das nun die richtigen Worte waren, wusste ich auch nicht. Aber ich fühlte mich der ganzen Situation nicht gewachsen. Was sollte ich diesem Mädchen denn erklären? Saskia sah mich kurz an, dann stieg sie aus und ging zum Unterricht. Sogar auf direktem Weg, wie mein Kontrollanruf bei ihrem Klassenlehrer ergab. Und als sie nach Hause kam, sagte sie sogar „Hallo", bevor sie in ihrem Zimmer verschwand. War das Eis nun gebrochen? Ich war unsicher. Auch, als sie eine halbe Stunde später vor mir stand.

„Ich soll einen Aufsatz schreiben, fünf Seiten lang", sagte sie und schaute mich hilflos an. „Ich kann das nicht! Ich weiß gar nicht, wie ich anfangen soll."

„Kein Problem", antwortete ich. „Dann schauen wir uns das mal an, einverstanden?"

Das Thema war frei wählbar und wir sprachen ein paar Möglichkeiten durch. Ich erklärte ihr, wie sie am besten herangehen konnte, dann ließ ich sie zum Schreiben allein. Erst am Abend tauchte sie wieder auf und gab mir ihr Schulheft zum Lesen, Christian staunte nicht schlecht. Und in diesen Minischritten ging es weiter. Nach und nach gewann ich ihr Vertrauen. Ich half ihr täglich bei den Schularbeiten, zeigte ihr, wie man für Klassenarbeiten lernen konnte, und übte mit ihr Englischvokabeln. Es entwickelte sich tatsächlich so etwas wie ein geregeltes Familienleben.

„Sie geben ihr Stabilität, das ist gut!", lobte mich Frau Bauer. Und wies mich im gleichen Atemzug daraufhin, dass Saskias Mutter die Rehabilitation abgeschlossen hatte. Doch zurück zu ihr sollte Saskia erst einmal nicht. Dafür wurde ein Treffen vereinbart, auf das sich Saskia wirklich freute. Sie schmiedete Pläne, was sie ihr alles zu berichten hatte, doch ihre Mutter kam leider nicht. Saskia war am Boden zerstört und ich betete, dass sie nicht wieder in ihren Ausgangszustand zurückfiel. Immer wieder erklärte ich ihr, dass ihre Mutter das nicht mit Absicht tat, auch wenn ich sie innerlich verfluchte. Wie konnte man so etwas nur seinem Kind antun? Saskias Mutter sagte auch ein zweites und drittes Treffen ab. Dann stand Saskias dreizehnter Geburtstag vor der Tür.

„Ich organisiere eine Überraschungsparty für sie!", erklärte ich Christian und hing mich ans Telefon. Leider konnte mir auch ihr Klassenlehrer keine Namen von Freunden nennen.

„Sie hat wohl keine", meinte er nur. Ich war richtig schockiert, schon weil ich mir das gar nicht vorstellen konnte. Zum Glück wohnten in der Nachbarschaft ein paar Kinder. Die waren zwar ein paar Jahre älter oder jünger, ich sprach deren Mütter aber trotzdem an und bat sie zu kommen.

„Saskia hat nie erfahren, was Freundschaft und Familie bedeutet! Sie soll erfahren, dass es auch anders geht!", erklärte ich ihnen. Und ich überzeugte sie. Selbst deren Mütter und Väter, die sich gleich mit angesprochen fühlten. Die halbe Nachbarschaft backte nun Kuchen, bastelte Geburtstagsgeschenke und half beim Dekorieren. So etwas hatte nicht nur Saskia noch nicht erlebt.

„Manchmal brauchen alle eben nur einen Anstoß!", meinte meine Mama, als das Fest auf Hochtouren lief. Leider rief Saskias Mutter bis zum Abend nicht an, um ihr zu gratulieren. Ob sie es vergessen hatte – ich wusste es nicht. Und ich war heilfroh, dass Saskia abgelenkt war und nicht fragte. Dafür kam Frau Bauer vom Jugendamt vorbei. Für Saskia hatte sie ein kleines Präsent dabei, mir raunte sie zu, dass Saskias Mutter einen erneuten Rückfall hatte und unterschätzte dabei Saskias Gehör. Und sie stellte die Frage, die sie offenbar am meisten bewegte: „Ich muss aber nicht zu anderen Pflegeeltern, oder?", wollte sie wissen.

Frau Bauer warf mir einen irritierten Blick zu, dann antwortete sie ihr. „Nein, Saskia, wenn es keine Probleme gibt, ändern wir gar nichts!"

Damit gab sich Saskia zufrieden und stürzte sich wieder ins Geburtstagsgetümmel. Inzwischen hat Saskia bereits zwei weitere Geburtstage mit uns gefeiert. Sie ist längst ein Teil unserer Familie geworden. Und ich bin sehr froh, dass sie uns anvertraut wurde. Es hat sich gelohnt, um ihr Vertrauen und ihre Zuneigung zu kämpfen, und ich würde es jederzeit wieder tun.

Leben ohne Vergangenheit

Theoretisch kann jede Sekunde unsere letzte sein, kann jeden Augenblick etwas passieren, was unser Leben für immer verändert. Doch zum Glück bleibt dieses Risiko bei den meisten Menschen ein theoretisches. Bei mir schlug das Schicksal an einem ganz gewöhnlichen Donnerstag zu. Mein Mann Enrico war in seiner Firma, er führte seinen eigenen kleinen Handwerksbetrieb für Sanitärhandel, und unsere kleine Luisa war im Kindergarten. Ich wollte nur schnell die Gardinen abnehmen, das gute Wetter ausnutzen, wie man so schön sagt. Ich war zu bequem, um mir die Leiter aus dem Keller zu holen, stattdessen stellte ich einen Hocker auf einen der Esszimmerstühle, kletterte hoch – und fiel hinab. Erinnern tue ich mich bis heute nicht daran, ich weiß es aus Erzählungen. Auch, dass mich die Nachbarin vom Haus gegenüber hat fallen sehen und sofort den Notarzt gerufen hat. Sonst hätte man mich sicher nicht rechtzeitig gefunden.

Ich wurde mit dem Rettungshubschrauber ins Krankenhaus gebracht und als ich nach über zwei Monaten aus dem Koma aufwachte, war ich einfach bloß verwirrt. Ich schlug die Augen auf und mein Blick fiel auf eine fremde Atmosphäre und auf unbekannte Gesichter. Ich wusste es gleich, irgendetwas stimmte nicht.

„Wie fühlst du dich, Schatz?" Dieser Satz riss mich aus meinen Gedanken. Und ich erinnere mich noch genau daran, wie ich überlegte, wieso er mich „Schatz" nannte. Wer ist dieser Mann eigentlich? Doch ich wusste es nicht. Ich wusste nicht einmal, wer ich war. Warum war ich hier und wo war dieses

Hier eigentlich? Danach muss ich wieder eingeschlafen sein, denn das Nächste, woran ich mich erinnere, ist, dass es plötzlich dunkel war und der gleiche Mann mit derselben besorgten Miene an meinem Bett saß und meine Hand hielt.

„Du darfst keine Angst haben, Steffi. Alles wird wieder gut! Du bist endlich aufgewacht!" Dann lächelte er mich an und ich spürte ganz tief in mir drin ein wohlig-warmes Gefühl der Vertrautheit, das mir sagte, dass er kein Unbekannter war.

Zum Glück hatten die Ärzte Enrico darauf vorbereitet, dass ich mich vielleicht nicht an alles erinnern könnte. Aber wie schlimm das wirklich war, darauf kann man sich nicht vorbereiten. Dazu kam, dass ich auch nicht mehr sprechen konnte. Meine Gedanken rotierten in meinem Kopf, ich hatte tausend Fragen, doch es war mir unmöglich, mich verständlich zu machen. Aus meinem Mund drangen nur unverständliche Laute, aus denen Ärzte, Schwestern und natürlich Enrico einen Sinn herauszufinden versuchten. Die folgenden Wochen erlebte ich wie durch einen dicken Nebelschleier. Alle waren sehr besorgt und mit Hilfe einer guten Logopädin kam zumindest meine Sprache recht schnell wieder.

„Siehst du", beruhigte mich Enrico, „der Rest ist auch bald wieder da." Nur leider sollte das ein frommer Wunsch bleiben.

Meine Genesung schritt verhältnismäßig rasch voran, Enrico war der einzige Mensch, der mich besuchen kam.

„Habe ich sonst niemanden?", fragte ich ihn eines Nachmittags.

„Doch natürlich, Schatz. Deine Eltern zum Beispiel, und ..." Seine Stimme stockte. Sein Blick hing prüfend an meinem Gesicht. Dann sprach er weiter. „Und meine Eltern natürlich. Und Luisa!" Er sah mich mit diesem typisch erwartungsvollen Blick an, an den ich mich bereits gewöhnt hatte. Doch in mir kam nichts hoch. Keine Erinnerung, rein gar nichts. Und es tat mir weh, ihn wieder enttäuschen und die mittlerweile üblichen Fragen stellen zu müssen.

„Ich erinnere mich nicht an sie, tut mir leid. Wer ist Luisa?"

Enrico schluckte, bevor er zu sprechen begann. „Luisa? Sie ist unsere Tochter! Unser Wunschkind! Sie vermisst dich ganz schrecklich!"

Ich war wie vom Donner gerührt. Ich hatte ein Kind? Eine Tochter? Wieso sagte er mir das erst jetzt? Und warum kam sie nicht einfach mit hierher?

Enrico ahnte wohl meine Fragen. „Luisa ist fünf, sie würde sicher nicht verstehen, dass ihre Mama sich nicht an sie erinnert. Vielleicht kommt deine Erinnerung ja auch noch zurück und dann müssen wir sie damit gar nicht erst konfrontieren!"

Irgendwie verstand ich ihn. Trotzdem war ich verletzt und schockiert. Ich hatte eine Tochter und erinnerte mich nicht einmal an sie – wie konnte das bloß sein?

Es konnte sein, erklärte man mir. Und es kam wohl auch recht häufig vor. Genauso häufig, wie eine Amnesie eben vorkommt. Sie macht keinen Unterschied zwischen Freund und Feind und berücksichtigt familiäre Verbundenheiten in keinster Weise. Ich konnte mich an niemanden erinnern, also auch an meine Tochter nicht. Für die Ärzte war das völlig normal. Für mich eine Katastrophe! Doch man beruhigte mich. Im normalen Umfeld daheim würden die Erinnerungen leichter zurückkommen.

Doch zu Hause angekommen, erinnerte ich mich auch an nichts. Es war für mich ein beliebiges Haus in einer beliebigen Straße irgendwo auf der Welt. Ich fühlte rein gar nichts.

Drin wurde ich schon sehnsüchtig erwartet, vor allem von Luisa. Die Kleine stand im Flur und fiel Enrico freudestrahlend um den Hals und schlang dann sofort ihre kleinen Arme um mich. „Mami!", flüsterte sie und instinktiv hielt ich sie ganz fest an mich gedrückt. Mein Gefühl sagte mir: „Ja, das ist dein Kind!", doch wirklich erinnern konnte ich mich nicht, es war lediglich das gleiche seltsam-warme Gefühl, das ich bei Enrico spürte, nur noch ein wenig intensiver.

Die Begrüßung meiner Eltern und Schwiegereltern fiel deutlich kühler aus. Neugierig beäugte mich vor allem Enricos Mutter und ließ mich keinen Augenblick unbeobachtet.

„Keine Angst, Schatz, ihr habt euch früher schon nicht verstanden!", flüsterte mir Enrico beruhigend ins Ohr.

„Und du kannst dich überhaupt nicht an uns erinnern?", fragte mein Vater ungläubig. „An gar nichts?"

„Nein, tut mir leid", gab ich zu.

„Na, das wird sich bald ändern!", lachte er und nahm mich in den Arm. „Komm schon, Kleines, das wird wieder. Wenn du erst mal eine Weile wieder zu Hause bist und dir die ganzen Fotos angeschaut hast, dann wirst du dich schon wieder erinnern!"

Meine Mutter und Enrico pflichteten ihm bei, doch insgeheim ahnte ich, dass das wohl alles nicht so einfach sein würde.

Die ersten Tage war ich die meiste Zeit mit Suchen beschäftigt. So banal es klingen mag, aber jeder richtet sich seine Wohnung auf seine Weise ein, legt bestimmte Dinge an dafür vorgesehenen Orten ab. Und ich hatte das Gefühl, in einem fremden Haus mit fremden Menschen zu sein, an mir völlig unbekannten Orten nach Dingen zu suchen, von denen ich oft nicht einmal wusste, wie sie aussahen. Ganz deutlich wurde das bei Luisas Spielsachen. Fünfjährige Mädchen sind schon zu groß, um ihnen etwas vormachen und zu klein, um alles verstehen zu können. Und Luisa verstand überhaupt nicht, warum ihre

Mama nicht mehr wusste, welches ihre Lieblingspuppe war und welches Spielzeug an welche Stelle in ihrem Puppenhaus gehörte.

Schlimmer als die Sucherei waren jedoch die enttäuschten Blicke. Zum Beispiel wenn sich mein Vater extra frei nahm, um mit mir alte Schulfotos durchzugehen und mir zu jedem Bild eine Geschichte erzählte. Und wenn er geendet hatte, sah er mich an: durchdringend, erwartungsvoll, hoffend. Doch ich schüttelte jedes Mal den Kopf. Ich erinnerte mich nicht, so sehr ich mich auch anstrengte.

Dann kam irgendwann das Misstrauen von meiner Seite aus dazu. Was, wenn die anderen mir diese angebliche Vergangenheit nur einreden wollten? Was, wenn nichts davon stimmte? Mein Mann nicht der wunderbarste Mensch auf der Welt und unsere Hochzeit vor sechs Jahren keine Liebesheirat nach nur drei Monaten war? Was, wenn ich diese Menschen eigentlich gar nicht kannte? Die Panik überflutete mich bereits beim Aufwachen und sie blieb den ganzen Tag präsent, ohne dass ich meiner Vergangenheit auch nur einen Schritt näher kam.

„Sie können nichts erzwingen!", mahnte mich mein Arzt. Und seine Sprechstundenhilfe, eine freundliche Dame in den Fünfzigern, riet mir, mich damit abzufinden.

„Ihre Vergangenheit liegt hinter Ihnen!", brachte sie es auf den Punkt. „Sie können sie nicht mehr ändern, weil sie vorbei ist. Aber Ihre Zukunft liegt noch vor Ihnen, darauf können Sie Einfluss nehmen!"

Kluge Worte, die von viel Lebenserfahrung zeugten. Doch den Alltag machten sie nicht leichter. Auch wenn Luisa mit der Zeit merkte, dass ich manche Sachen wirklich nicht wusste. Da brach dann wohl eine Art Beschützerinstinkt in ihr hervor und sie wurde nicht müde, mir alles ganz genau zu erzählen und zu erklären. Notfalls auch mehrfach. Stolz zählte sie die Obstsorten auf, die sie mochte und malte sie gleich für mich, damit ich auch wusste, was sie meint.

„Sie fürchtet wohl, du könntest im Supermarkt Stachelbeeren mit Erdbeeren verwechseln!", lachte mein Mann, als er es mitbekam. Ich dagegen war total gerührt. In ihrer kindlich-naiven Art versuchte sie mir zu helfen. Als mir das klar wurde, fühlte ich mich besser. Kinder, so stellte ich fest, berechnen die Dinge nicht, die sie tun. Und mein Mann, so unterstellte ich irgendwann einfach, hatte eigentlich keinen Grund, mir irgendwas einzureden. Welchen Vorteil hätte er davon? Den Kontakt zu anderen Menschen schränkte ich daraufhin erst einmal ein. Ich wollte mich erst sicherer fühlen, bevor ich mich weiter hervortastete.

Als am Dreikönigstag die Sternsinger vor unserer Tür standen, Enrico war arbeiten, kam unser Pfarrer mit.

„Nicht, dass du noch denkst, wir machen das nur bei euch!", erklärte er mir lachend. Dann ließ er einen seiner Messdiener, den er extra mitgebracht hatte, vortreten, der mir die Bedeutung dieses Tages erklären musste. Hinterher, nachdem er ihn auch noch verbessert hatte, gestand er mir, dass der Junge etwas ausgefressen hatte. Und auch, dass er selbst mich damals getauft hatte, ebenso wie Luisa.

„Du warst mein erster Täufling damals und ich war so aufgeregt, dass ich dich fast hätte fallen lassen!", gab er zu. Dann nickte er mir aufmunternd zu.

„Ich bin froh, dass du wieder auf die Beine gekommen bist. Verlier dein Vertrauen nicht, mein Kind! Da hat jemand tüchtig auf dich aufgepasst!"

Dann widmete er sich Luisa, die ihn unübersehbar mochte. Den Segen nahm ich besonders dankbar entgegen. Ja, ich hätte weit mehr als meine Vergangenheit bei diesem Unfall verlieren können. Und ich hatte allen Grund, sehr dankbar zu sein. Für mein Leben, meine wiedererlangte Gesundheit und die wunderbaren Menschen um mich herum, die mir alle helfen wollten. Bis heute ist meine Erinnerung jedoch nicht zurückgekommen. Und oft bin ich sehr traurig deshalb, denn sich nicht an die Geburt der eigenen Tochter oder den eigenen Hochzeitstag zu erinnern, ist hart.

An meinem Geburtstag, kurz nach dem Dreikönigstag, hatte ich alle eingeladen und sie gebeten, mir unbedingt weiterhin zur Seite zu stehen.

„Doch bitte versucht nicht länger meine Erinnerungen irgendwie wieder zum Vorschein zu bringen", bat ich sie. „Bitte helft mir lieber, neue Erinnerungen zu schaffen. Denn die alten kommen vielleicht doch nicht wieder!"

Einmal um die halbe Welt

Früher gab es oft Tage, an denen ich an unserem Sozialsystem geradezu verzweifelt bin, mich von der Bürokratie erdrückt und von den ganzen Papierbergen erschlagen fühlte. Nach zwanzig Jahren im Beruf war ich an einem Punkt angelangt, an dem ich nicht mehr konnte.

„Warum musste ich unbedingt Ärztin werden? Ich habe ständig das Gefühl, dass es alles nichts bringt!", stöhnte ich.

Mein Mann Lothar nahm mich liebevoll in den Arm und spendete Trost. Wie so oft. Unsere Ehe war kinderlos geblieben, vielleicht steckten wir beide deshalb so viel Zeit und Kraft in unsere Berufe, der – zumindest für mich – eigentlich einmal eine Berufung war. Doch diese Zeit war lange vorbei; ich fühlte mich zunehmend ausgebrannt.

„Ein Einsatz im Ausland würde dir vielleicht helfen!", schlug Lothar vor. „Auch wenn du sicher viel Elend sehen wirst. Aber du könntest Menschen direkt helfen, die sonst keine Hilfe bekämen!"

Schnell war die Entscheidung gefallen. Ich sagte zu, für „Intermed" nach Paraguay zu gehen, und nahm Urlaub. Am Flughafen erlebte ich dann eine schöne Überraschung – ich traf eine alte Freundin wieder, die sich, wie sich schnell herausstellte, mit mir gemeinsam auf den Weg nach Asunción machte: Sophie. Unser Team bestand aus insgesamt sieben Ärzten und vier Krankenschwestern. Alle waren mir auf der Stelle sympathisch und strotzten nur so voller Tatendrang. Von der Hauptstadt aus ging es per Jeep weiter, denn die Infrastruktur unseres Einsatzgebietes war mehr als dürftig. Die Häuser, an denen wir vorbeifuhren, erregten nicht nur bei mir Staunen und Entset- zen. Halbfertig und windschief standen sie am Straßenrand und ich konnte mir kaum vorstellen, wie die Menschen darin dauerhaft lebten.

„Wie sieht eigentlich das Krankenhaus aus, in dem wir erwartet werden?", fragte ich vorsichtig.

„Keine Sorge, Sommerfeld ist eine kleine, von deutschstämmigen Einwanderern gegründete Enklave. Das Krankenhaus wurde von einem reichen Auswanderer gestiftet", erklärte mir Schwester Susanne. Sie war Mitte Vierzig und bereits seit Jahren bei Intermed dabei. Paraguay war ihr zwölfter Auslandseinsatz. Jedes Jahr verbrachte sie zwei Wochen ihres Jahresurlaubs damit, fremden Menschen kostenlos zu helfen. Außer mir und Dr. Bauer, einem Anästhesisten, hatten alle anderen Teammitglieder bereits derartige Erfahrungen gemacht.

Am späten Nachmittag waren wir am Ziel. Vor dem weißen Bau der Klinik hatte sich bereits eine unüberschaubare Menschenmenge versammelt, die auf unsere Ankunft wartete.

„Viele sind bereits seit Tagen hier und hoffen auf Behandlung. In den meisten Regionen Paraguays ist die Krankenversorgung kaum gewährleistet. Keiner von ihnen kann sich medizinische Behandlungen leisten. Wenn überhaupt, werden die lebensbedrohlichen Erkrankungen versorgt, mehr aber nicht", erklärte mir Sophie.

„Und wie verständigen wir uns mit den Leuten? Mein Spanisch ist dürftig!", gab ich zu.

„Bei der Landbevölkerung hilft dir Spanisch ohnehin nicht viel weiter, die meisten sprechen ausschließlich Guaraní. Es muss auch so gehen."

Dann stand ich vor meiner ersten Patientin. Die junge Frau hockte stumm und verschüchtert auf einem Hocker und auf den ersten Blick konnte ich ihre Verletzungen nicht sehen. Ich nickte ihr freundlich zu und wandte mich an Schwester Susanne. Aus dem Fragebogen wusste ich, dass Hilda, so der Name meiner Patientin, 24 Jahre alt war und schwere Verwachsungen am Oberkörper hatte.

„Den linken Arm kann sie kaum bewegen, viel schlimmer ist aber, dass durch das Narbengewebe ihre Brust im Wachstum behindert und auf die Seite unter den Arm abgedrängt wurde", erklärte mir Schwester Susanne, die mit den ersten Untersuchungen bereits begonnen hatte. Hilda war Lehrerin und verstand ein wenig Spanisch, zumindest so viel, dass ich mir ein Bild machen konnte, wie ihre Verletzungen entstanden waren. Sie erzählte, dass sie als Kleinkind in ein Feuer in der Küche gefallen war. Durch das beherzte Eingreifen ihres Vaters überlebte sie zwar, aber ihr Oberkörper war für immer entstellt. Ich gab ihr ein Beruhigungsmittel und dann wurde sie in den OP-Raum geschoben. Vier Stunden lang trugen Dr. Heinrich und ich Verwachsungen und Narbengewebe ab, versetzten die Brustwarze und transplantierten Hautstücke von den Oberschenkeln. Dr. Bauer, der Anästhesist, begleitete die Patientin nach der OP noch in den Aufwachraum, aus Sicherheitsgründen. Ich dagegen, stürmte bereits zu meinem nächsten Patienten, als mich jemand am Ärmel zupfte.

„Frau Doktor, bitte!" Ich drehte mich um und sah Luis Santario, ein deutsch sprechender Mitarbeiter der Klinik, der sich vornehmlich um die Patienten kümmerte und sie zuweilen sogar aus den Armenvierteln in die Klinik brachte, damit sie von uns behandelt werden konnten. Neben ihm stand ein junges Mädchen. In ihren Armen hielt sie ein kleines, wimmerndes Bündel Mensch, dem Tod näher als dem Leben. Riesige braune Augen starrten mich an und schienen stumm um Hilfe zu schreien.

„Dem Baby geht es ganz schlecht, Frau Doktor, können Sie bitte nachsehen? Und mit den Beinen stimmt auch etwas nicht!" Schneller als mir lieb war, hatte ich das kleine Wesen im Arm. Die großen Augen starrten mich immer noch an. Schnellen Schrittes gingen wir in den Behandlungsraum, und mir war klar, dass diese Behandlung schon wieder eine Verzögerung unseres OP-Plans bedeutete. Doch keiner vom Team brachte es fertig, einen Patienten ohne Untersuchung abzulehnen, denn uns allen war der Ernst der Lage bewusst.

„Ist das die Mutter?", fragte ich Luis.

„Ja, es ist ihr erstes Kind. Ein Junge."

Vorsichtig befreite ich den kleinen Kerl von seinen Lumpen und biss mir vor Entsetzen auf die Zunge. Er hatte einen dick aufgequollenen Bauch, ein typisches Zeichen für starke Unterernährung, und an jedem Fuß sechs statt fünf Zehen, die sich schwer entzündet hatten. Zudem lag seine Temperatur weit über normal, was auf einen Infekt schließen ließ. Ich war hin- und hergerissen. Einerseits voller Mitgefühl und dem dringenden Wunsch, irgendetwas für den Jungen zu tun, und andererseits auf die Stimme der Vernunft zu hören, die mir sagte, dass eine Operation in diesem Zustand nicht in Frage kam und dass ich bestenfalls etwas gegen die Infektion unternehme konnte. Ich fing Schwester Susannes warnenden Blick auf. Die erfahrene Schwester war hundert Mal vor mir in der gleichen Lage gewesen; sie hatte mir davon berichtet.

„Einen Tropf mit Nährlösung, Susanne, und dann überlegen wir mal weiter."

Ich nahm die Mutter und Luis mit vor die Tür.

„Ihr Sohn braucht dringend Nährstoffe und Ruhe. Erst dann können wir entscheiden, ob und was wir unternehmen werden." Ich wartete, bis Luis alles übersetzt hatte.

„Wie heißt der Kleine denn eigentlich?" Aufmunternd sah ich seine Mutter an.

„Miguel", flüsterte sie.

Zum Glück blieb mir keine Zeit, lange über den Zustand des kleinen Patienten zu grübeln, ich musste wieder in den OP-Raum. Der 49-jährige Patient lag bereits in Narkose, und als Dr. Bauer uns mit einem Kopfnicken anzeigte, dass alles in Ordnung war, begannen wir mit der Arbeit und verschlossen die angeborene Lippen- und Gaumenspalte.

„Unglaublich, in Deutschland werden solche Sachen gleich nach der Geburt operiert." Dr. Bauer wusch sich kopfschüttelnd seine Hände.

„Können Sie sich nachher noch einen zusätzlichen Patienten ansehen?", fragte ich, das rauschende Wasser übertönend.

„Der Junge ist etwa ein dreiviertel Jahr alt, stark unterernährt und fiebrig. Er hat links und rechts einen entzündeten Zeh zu viel. Es geht mir um die Narkosefähigkeit."

Ich sah noch bei Hilda, meiner ersten Patientin vorbei. Sie war inzwischen aus der Narkose aufgewacht und lächelte mich zaghaft an. Ihre Werte waren in Ordnung und ich ging beruhigt zu meinem kleinen Sorgenkind Miguel. Dr. Bauer fing mich bereits an der Tür ab.

„Ich habe ihn mir angesehen. Er ist zu schwach für eine Operation. Zumindest heute. Für die nächsten Tage kann ich noch keine Prognose abgeben, aber sein dringendstes Problem ist das Untergewicht. Ich habe mir auch mal die Mutter angesehen. Sie scheint mit dem Kind völlig überfordert zu sein. Schwester Andrea wird ihr ein paar Sachen über Ernährung erklären. Wir sollten ihn auf jeden Fall noch hier behalten, auch wenn wir ihn vielleicht letztlich nicht operieren werden."

Ich dankte ihm und ging zu dem kleinen Kerlchen. Inzwischen

tropfte die Infusionslösung in seine Vene. Als ich an sein Bett trat, öffnete er die Augen und sah mich wieder mit seinen großen Kulleraugen an. „Wir tun, was wir können, mein Kleiner", flüsterte ich ihm zu.

Hilda konnte nach ein paar Tagen die Klinik verlassen und weinte vor Glück und Dankbarkeit. Sie erzählte dem Dolmetscher, dass sie nun ganz schnell wieder ihre Arbeit als Lehrerin aufnehmen würde und dass sie sich schon sehr darauf freue, zu heiraten. Miguels Zustand verbesserte sich nur in winzigen Schritten. Von Tag zu Tag wurden seine Blutwerte ein wenig besser, dafür verlor er an den ersten drei Tagen an Gewicht. Seine Mutter verstand deshalb die Welt nicht mehr, ich konnte sie nur mühevoll beruhigen, leider kommt so etwas manchmal vor. Nach einer reichlichen Woche hatte er bereits 600 Gramm zugenommen, ein Riesenerfolg für uns. Letztendlich konnten wir ihm zwar das Leben retten, indem wir die Unterernährung und die Infektionen behandelten, aber seine missgebildeten Füße konnten wir nicht operieren. Seine Mutter war sehr enttäuscht, aber als der Dolmetscher ihr erklärte, dass ihr Sohn auf jeden Fall überleben würde, war ihre Erleichterung unübersehbar. Krampfhaft überlegte das gesamte Team, wie wir sonst helfen könnten. Denn keinem gefiel die Vorstellung, Mutter und Kind so zurückzulassen. Mittlerweile hatte sich herausgestellt, dass Maria, Miguels Mutter, ganz auf sich allein gestellt war, seitdem sie von ihrer Familie verstoßen wurde. Juan, unser Hausmeister, hatte dann den rettenden Einfall: „Sie ist jung und sie kann lesen und schreiben. Vielleicht findet sich hier in der Klinik eine Arbeit für sie?", fragte er mich.

Dr. Taprich, unser Teamleiter, sprach daraufhin mit der Klinikleitung und kam mit guten Neuigkeiten zurück: „Sie können hier bleiben!" Damit war zumindest für mein Sorgenkind erst mal ein Lichtstreifen am Horizont erkennbar. Er würde nicht mehr hungern müssen und auch bei leichteren Erkrankungen war er nun versorgt.

Der Abschied fiel uns allen sehr schwer, denn jeder von uns hatte in diesen zwei Wochen viel gelernt. Vor allem, wie viel man manchmal mit kleinen Eingriffen erreichen kann und wie leicht man an Grenzen stößt. Ich hatte Menschen getroffen, die ihren Lebensmut und ihre Fröhlichkeit nie zu verlieren schienen, egal wie übel das Schicksal ihnen mitspielte. Lothar versüßte mir die Ankunft mit einem großen Strauß Rosen und einem dicken Kuss.

„Ich habe dich total vermisst!", gestand er mir.

„Es hat gut getan!", stellte ich fest. „Ich weiß wieder, warum ich Ärztin geworden bin. Und auch, dass ich im nächsten Jahr wieder nach Sommerfeld fahren will. Denn dort wartet noch eine Aufgabe auf mich! Er heißt Miguel und braucht mich dringend!" Als ich Lothars verdattertes Gesicht sah, musste ich herzlich lachen. „Keine Angst", beruhigte ich ihn. „Er ist nicht mal ein Jahr alt!"